编委会

著　者：曹明华　周国鹏　张　涛

审　定：谭　文　张志良　林志元

　　　　赖松应　朱晓钰　王志清

城市轨道交通工程造价
大数据平台数字化应用研究

曹明华 周国鹏 张 涛◎著

暨南大学出版社
JINAN UNIVERSITY PRESS

中国·广州

图书在版编目（CIP）数据

城市轨道交通工程造价大数据平台数字化应用研究/曹明华，周国鹏，张涛著. —广州：暨南大学出版社，2023.12
ISBN 978 - 7 - 5668 - 3812 - 4

Ⅰ.①城…　Ⅱ.①曹…　②周…　③张…　Ⅲ.①数据处理—应用—城市铁路—铁路工程—工程造价—研究　Ⅳ.①U239.5—39

中国国家版本馆 CIP 数据核字（2023）第 227101 号

城市轨道交通工程造价大数据平台数字化应用研究
CHENGSHI GUIDAO JIAOTONG GONGCHENG ZAOJIA DASHUJU PINGTAI SHUZIHUA YINGYONG YANJIU

著　者：曹明华　周国鹏　张　涛
···

出 版 人：阳　翼
统　　筹：黄文科
责任编辑：曾鑫华　彭琳惠
责任校对：刘舜怡　梁安儿
责任印制：周一丹　郑玉婷

出版发行：暨南大学出版社（511443）
电　　话：总编室（8620）37332601
　　　　　营销部（8620）37332680　37332681　37332682　37332683
传　　真：（8620）37332660（办公室）　37332684（营销部）
网　　址：http://www.jnupress.com
排　　版：广州尚文数码科技有限公司
印　　刷：广州市友盛彩印有限公司
开　　本：787mm×1092mm　1/16
印　　张：8.25
字　　数：180 千
版　　次：2023 年 12 月第 1 版
印　　次：2023 年 12 月第 1 次
定　　价：59.80 元

广东省土木建筑学会科学技术奖

证 书

广东省科学技术厅2012年批准设立
国家科技部登记证书编号:粤科奖社字第13号

为表彰广东省土木建筑领域科学技术奖获得者,特颁发此证书。

项目名称: 城市轨道交通工程造价管理大数据应用关键技术研究

奖励等级: 一等奖

获 奖 者: ▇▇▇▇集团有限公司

证 书 号: 2021-1-X50-D01

广东省土木建筑学会
2021 年7月

城市轨道交通工程造价大数据平台项目获2021年(第九届)广东省土木建筑学会科学技术奖一等奖

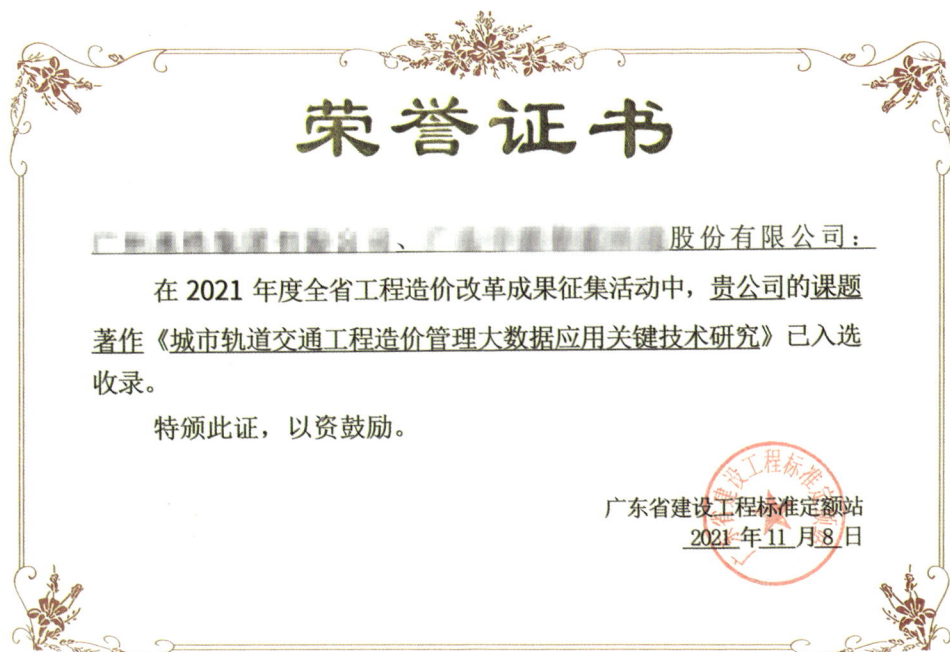

荣誉证书

广▇▇▇▇▇▇▇▇▇、▇▇▇▇▇▇▇▇▇▇▇股份有限公司:

在 2021 年度全省工程造价改革成果征集活动中,贵公司的课题著作《城市轨道交通工程造价管理大数据应用关键技术研究》已入选收录。

特颁此证,以资鼓励。

广东省建设工程标准定额站
2021 年 11 月 8 日

城市轨道交通工程造价大数据平台项目2021年入选住建部工程造价改革示范项目(广东)

城市轨道交通工程造价大数据平台项目获 2022 年广州市国资国企创新大赛三等奖

城市轨道交通工程造价大数据平台项目组—研发实施

前　言

随着我国综合国力不断增强和大基建持续投入，城市轨道交通作为刺激城市发展的重要工具，其投资规模也呈现不断扩大的趋势。如何合理管控工程造价，让投资发挥出更大的效益，成为城市轨道交通建设过程中重点考虑的问题之一。

城市轨道交通工程造价的金额大、涉及专业多、受外部环境等因素影响大，工程造价管控的难点多。本书在城市轨道交通工程造价领域引入大数据技术、开展数字化研究与探索，是一次全新的尝试及充满挑战的课题。

本书的研究对象主要是轨道交通工程直接工程费用。

全书从知识体系上分为三大部分。第一部分，阐述城市轨道交通工程造价数字化应用的技术基础研究，首次基于大数据技术对造价数据标准体系进行了系统的梳理与叙述，包括提出造价业务＋计算机双适用的轨道交通工程造价数据编码标准、工料机编码标准、技术特征标准及造价数据规约标准，为下一步实现大数据平台建设及数字化应用奠定了技术上的基础。第二部分，主要阐述城市轨道交通工程造价大数据平台关键技术研究及主要功能，包括对智能解析、数据仓库搭建、造价指标与技术特征的关联等关键技术进行了系统介绍，并介绍了城市轨道交通工程造价首个数字化集成平台的主要功能。第三部分，主要阐述城市轨道交通造价工程数字化应用过程中有关具体分析应用模型，包括首次实现的快速智能检索、指标智能预警、聚类指标模型、多维分析模型、时间换算模型及造价预测模型等，其中造价预测模型首次提出从时空两个维度对工程造价进行测算与修正。

根据以上知识体系的编排，全书共分4章。

第一章绪论，叙述了城市轨道交通工程造价领域数字化应用现状及存在的瓶颈，系统介绍了本书的主要内容及知识体系框架。

第二章城市轨道交通工程造价数字化应用技术基础研究，详细阐述基于大数据技术对造价数据相关数字化技术标准的研究成果。

第三章城市轨道交通工程造价大数据平台关键技术研究，主要阐述城市轨道交通工程造价数字化集成平台的关键技术研究及主要功能。

第四章城市轨道交通工程造价数字化应用研究，主要阐述城市轨道交通工程造价数字化研发过程中有关具体分析模型。

由于大数据数字化技术发展迅速，本书仅仅将在城市轨道交通工程造价领域数字化应用上的部分探索及研究成果整理出来，抛砖引玉！对在本书编审过程中给予帮助与支持的同人，表示衷心的感谢！

鉴于目前本领域尚无同类可参考的书籍，且技术上尚存在很多需改进与迭代的地方，书中难免有疏漏或不足，请广大读者批评、指正。

著者

2023 年 2 月

目录
CONTENTS

第一章

绪　论

自尼葛洛庞帝出版《数字化生存》以来，信息技术迎来数十年的高速发展。在当今社会的数字化浪潮下，在充分享有数字化、虚拟化红利的基础上，一些传统的商业模式面临着严峻的挑战。大数据、云计算、人工智能、数字孪生等新一代信息技术的兴起也在快速改变我们的生活，使我们的商务活动和社会活动更加丰富多彩。

数字化并不是刚刚出现的新趋势，它是过去几十年技术创新的延续。从信息化到自动化，从互联网到人工智能，都是数字化不断演进的体现。这次新冠疫情相当于给数字化按下了快进键，很多企业都在加速进行数字化转型。人们开始意识到：时间不多了，数字化不仅关乎效率高低，更关乎企业生死，再不改变，就会被淘汰。数字化正在重塑一切。

一　我国工程造价行业数字化应用现状

我国的工程造价行业历史悠久，一直以来也都在不断借鉴、学习国外的一些先进做法并推陈出新。当前，工程造价成果文件的应用还存在不足。成果文件形式仍以表格居多，如工程量清单等表格，数字化程度不够，缺乏相关的成果分析及应用工具。当企业需要利用历史造价数据时，往往需要靠人工查阅大量表格或在此基础上进行手工统计分析，这非常考验个人的专业素养和经验。这种工作方式无法满足决策的时效性要求。

二　企业工程造价数字化应用情况

我国的房地产企业成本管理意识较强，已有不少企业尝试在 ERP 内自动完成成本数据的采集和加工，比如华润、万科、平安不动产、中信等公司均已开始研发自己的数据平台，但研发水平参差不齐，数据分析模型不统一，横向成本数据分析存在巨大阻碍。

我国的施工企业主要关注企业内部造价指标和材料价格的积累和应用，但数据限于个别专业，对一个完整的工程项目，其积累的数据并不齐全，提炼不出整体项目综合指标，主要原因是缺乏数据采集手段和数据分析工具。

我国的工程造价咨询企业，特别是香港的咨询企业的数据 QS（质量安全管理）管理体系较成熟，市场化程度也较高，形成了以各建筑类型的"基准预算或工程量清单＋交易价格"为数据基础的市场化定价模式，但在造价应用方面仍缺乏完整的工具。内地的造价咨询企业同样意识到数据积累的重要性，部分企业在 ERP 系统内尝试自动完成数据采集和加工，一般借助市场上的各种辅助小工具，主要目的是辅助提升企业自身的工作效率。也有部分建设单位、施工单位非常重视新技术的研发和应用，如云计算、BIM 技术等，注重项目全寿命周期造价管理，并进行了一些有益的尝试。

总体来说，我国建设领域的相关企业对于造价管理的数字化应用渴求已久，并做出了很多有益的尝试，也取得了一定的成果，只是缺少总体规划，没有形成一套完整的数据治理、数据应用、数字化管理的体系化应用，还没有实现真正意义上的数字化转型。

三　工程造价相关政策要求

2016 年，住建部发布《2016—2020 年建筑业信息化发展纲要》，提出要全面提高建筑业信息化水平，着力增强大数据、BIM、智能化、移动通信、云计算、物联网等信息技术集成应用能力，初步建立一体化行业监管和服务平台。

2017 年，《工程造价事业发展"十三五"规划》提出，推进工程造价信息化建设，夯实信息化发展基础，提升造价信息服务能力，构建多元化信息服务体系。

2020 年 7 月，住建部发布《住房和城乡建设部办公厅关于印发工程造价改革工作方案的通知》（建办标〔2020〕38 号），提出"要加快建立国有资金投资的工程造价数据库，按地区、工程类型、建筑结构等分类发布人工、材料、项目等造价指标指数，利用大数据、人工智能等信息化技术为概预算编制提供依据"。

按照推进工程造价信息化、市场化改革的要求，住建部标准定额司编制了《建设工程造价数据交换标准》，统一了工程造价数据的格式。

四　政府工程造价信息服务情况

目前，全国有 31 个省份和直辖市建立了工程造价信息网站，通过网站、App 或纸质刊物的形式发布材料价格信息、政务信息和计价依据等。其中，材料价格信息以月刊或双月刊形式发布为主，发布含税价、除税价、"含税价＋除税价"三种类型，但存在发布的材价品种不够丰富、材价更新不够及时等问题。

尽管各省市已有相对完善的政务信息、材料价格信息和计价依据，也设置了指数指标和典型工程案例等栏目，但这些信息在发布、种类和质量上都有所欠缺。

五 轨道交通工程造价领域的数字化应用

利用计算机技术对造价数据进行分析，将轨道交通历史积累的造价数据分析形成各种指标，并应用大数据技术建立数字化分析模型，实现旧数据为新项目造价控制服务的新型工作模式，能更好地帮助企业加强造价管理，为企业投资决策等提供数据支持，支撑企业更好地发挥建设资金的使用效率。

现阶段，大数据技术主要为云计算、数据挖掘技术、人工智能/深度学习算法等。通过大数据和人工智能算法，对历史造价数据进行分析，建立各要素对造价的影响模型，再进行关联性分析，并结合分析结果进行智能组价、智慧预测、实时反馈等应用，以此提升工程造价管理工作效率及分析决策能力。

(一) 云计算

云计算是分布式处理、并行处理、网格计算、网络存储和大型数据中心的进一步发展和商业实现。云计算的基本特征有：随需应变的自助服务；无处不在的网络访问；资源共享池；快速而灵活；计量付费服务。基于"云"的服务平台、服务模式让项目参建各方通过"公有云"和"私有云"方式，更自由地访问数据，更高效地处理数据，更便捷地协作。通过云计算与造价数据信息化整合而成的平台，对工程计量计价工作进行专业分解，然后放入"云端"，各专业独立完成工作，最后综合汇总，这样可在保证数据分层分类高质量监控的条件下，大幅提高工作效率，降低生产成本。此外，造价工程师、材料设备供应商等利益相关者将工程计量计价所需的要素消耗量和价格信息上传"云端"，信息服务商便可以集成和管理这些信息，为有需要的造价工程师提供云服务，实现可持续的互利互惠。

(二) 数据挖掘技术

每个工程都会产生大量的数据，各个企业也积累了海量的数据，这些数据具有巨大的潜在价值。企业需要利用数据挖掘技术对这些海量数据进行挖掘，得到有价值的数据，进一步形成反映数据规律的数据模型和知识库。在工程造价管理中，管理机构和企业已经通过行业信息化平台的建设，不断收集行业管理和行业服务信息，形成基础数据，再利用数据挖掘技术，动态地对历史数据和新的工程数据进行提取和分析，得到有价值的数据，对工程造价进行全过程的管理与控制。

（三）　移动互联网

利用移动互联网技术，通过智能移动终端的搜索和定位等功能，可以让工程造价人员随时随地准确地获得需要的造价信息。目前智能手机的使用已经非常普遍，工程造价人员可以在手机里安装 App，通过在线搜索，快速获得工程造价相关信息，在有限的时间内快速处理相关事件。

（四）　AI 技术　（人工智能/深度学习算法）

随着建设工程管理要求、施工工艺、材料设备市场等的变化，影响工程造价的要素也在改变。数据的自动识别、数据分析模型的及时调优，都需要依赖 AI 算法适应上述变化。以专家模型为基础逐步实现自主学习，是 AI 在工程造价数字化应用中需要不断攀登的高峰。

六　城市轨道交通工程造价大数据平台设计思路

在国内城市轨道交通工程大规模建设背景下，城市轨道交通工程具有投资金额大、管控难、风险高，且受工程方案及外部条件影响大的特点，以经验为主的传统投资决策方式在决策时效、管控策略、风险量化等方面已无法满足我国城市轨道交通工程大规模和高要求的建设需求，追求投资的高效决策、科学决策和精准决策还有很大的研究空间。

搭建轨道交通工程造价大数据分析应用平台，围绕"盘活历史数据、挖掘数据价值、数字驱动业务"三个方面开展大数据关键技术研究，为城市轨道交通造价领域迈入数字化、智能化提供了一套数字化转型的技术路线。

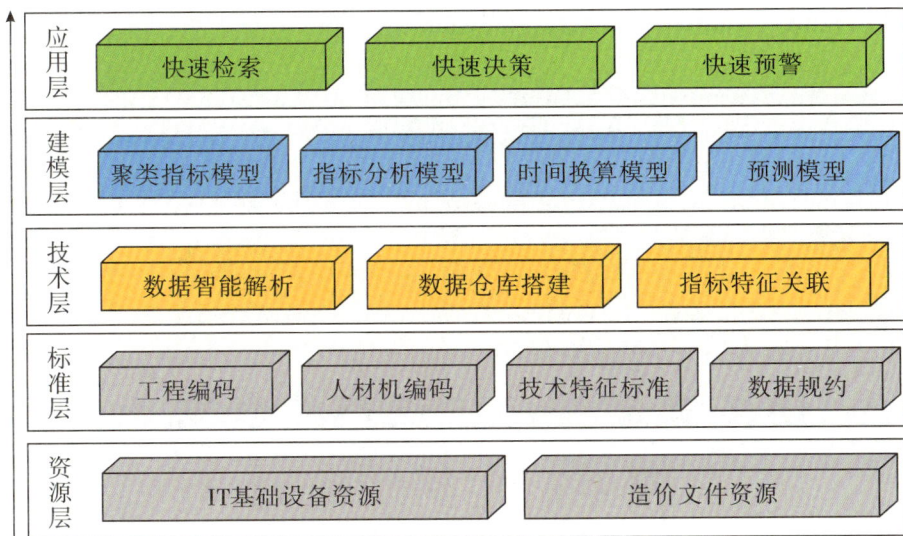

图 1-1　技术路线图

七　本书主要内容与知识体系

本书系统阐述了轨道交通工程造价领域大数据关键技术及数字化应用方面的最新成果，并对轨道交通工程造价大数据分析应用平台与基于大数据的预测模型作了详细的介绍，为城市轨道交通工程造价领域迈入数字化提供了一套数字化转型的技术路线和案例参考。

全书分为三大部分：

第一部分，主要阐述城市轨道交通工程造价数字化应用的技术基础研究，首次基于大数据技术对造价数据标准体系进行了系统的梳理与叙述，包括提出"造价业务+计算机"双适用的轨道交通工程造价数据编码标准、工料机编码标准、技术特征标准及造价数据规约标准，为下一步实现大数据平台建设及数字化应用奠定了技术上的基础。

第二部分，主要阐述城市轨道交通工程造价大数据平台关键技术研究及主要功能，包括对智能解析、数据仓库搭建、造价指标与技术特征的关联等关键技术作了系统介绍，并介绍了首个城市轨道交通工程造价数字化集成平台的主要功能。

第三部分，主要阐述城市轨道交通工程造价数字化应用过程中有关具体分析应用模型，包括首次实现的快速智能检索、指标智能预警、聚类指标模型、多维分析模型、时间换算模型及造价预测模型等，其中造价预测模型首次提出从时空两个维度对工程造价进行测算与修正。

第二章

城市轨道交通工程造价数字化
应用技术基础研究

业务规则是指对业务定义和约束的描述，用于维持业务结构或控制和影响业务的行为。在数字化的应用道路上，需要将业务规则转变为简单的数字化技术规则，以结构化的业务规则数据形式来表示业务行为，采用类自然语言来描述，并集中存储在规则库中，从业务分析定义到计算机数字化标准技术编码等，最终形成融合业务、数字化技术的规约标准。

本书提出的工程结构编码包含九个级别，横向可适用估算、概算、招标、投标、合同、结算、决算工程造价全过程，纵向可适用专业、单项工程、单位工程、分部、分项、清单指引、工料机等。同时，提出带技术条件特征的指标体系[①]，可以把对造价指标产生重要影响和变化的技术参数作为一种特征属性进行标记关联，为后续分析造价指标背后的原因和规律奠定基础。综合工程结构编码标准、技术特征标准，打造轨道交通工程造价数据规约标准，解决工程造价数据结构化、标准化问题，为城市轨道交通工程造价领域全面实现数字化、智能化奠定了坚实技术基础。

---

① 指标体系指城市轨道交通不同结构层级组成的指标集，包括线路、单位工程、分部分项等层级指标。带特征的指标指各层指标均有对应的技术条件，作为数字化分类的基础。

一　城市轨道交通工程结构编码标准研究

（一）　编码编制目的

　　工程造价编制已经全面普及造价软件的使用，但由于市场上存在多种造价软件产品（广联达、鲁班、智多星、斯维尔、PKPM 等），产品差异导致不同造价软件产品产生的造价成果文件格式不统一。目前国家尚没有建立强制性统一的造价数据交换标准，因此，受工程造价源数据格式不统一等问题的制约，难以实现工程造价信息共享，造价数据管理及分析工作必将在落后的技术标准中步履维艰。

　　因此，建立城市轨道交通工程造价数字化工程结构编码技术标准，成为实现轨道交通工程造价数字化应用的基础技术工作。通过工程结构编码体系将估算造价、概算造价、合同造价和结算造价数据串联，实现工程造价全生命周期数据的串联分析。

（二）　编码规则

　　工程结构编码作为轨道交通大数据平台编码体系的重要组成部分，包括九个级别。

　　第一级为项目类型编码，如：G 代表轨道交通工程，Y 代表运营项目，F 代表房产工程，用 1 位字母简称表示；第二级为费用类型，代表工程费用、工程建设其他费用、预备费用、专项费用，用 1 位数字表示；第三级为专业分类，如车站、区间、轨道等专业，用两位数字表示；第四级为子专业构成，其中车站、区间指敷设方式，用两位数字表示；第五级为部位，其中车站、区间指工法，用两位数字表示；第六级为分部工程，用两位数字表示；第七级为分部工程特征或分类，用两位数字表示；第八级为分项工程，用两位数字表示；第九级为分项工程工艺等特征。

（三）　编码范围

　　工程结构编码（见表 2-1）横向包括估算、概算、合同、结算等造价阶段的工程造价数据；纵向包括线路、专业、单位工程、分部分项等工程造价数据。

表 2-1　工程结构编码设计

编码级别	编码	说明
第一级	G、Y、F……	分别代表轨道交通建设、轨道交通运营、房产项目类型
第二级	1~9	费用类型
第三级	01~99	专业分类
第四级	01~99	子专业构成
第五级	01~99	部位
第六级	01~99	分部工程
第七级	01~99	分部工程特征或分类
第八级	01~99	分项工程
第九级	01~99	分项工程工艺

特别说明：①第二至九级采用流水编码，预留99位扩充。②编码更新可按顺序增加，不覆盖已有编码。③该工程结构编码体系用于识别进入本平台的所有工程量清单或定额以上级别的造价数据，为统计、分析提供标准。

（四）　编码方式

系统采用智能解析（专利）技术对项目造价数据进行自动化编码，以双轮铣为例，系统自动编码为"G101010101010101"（见表2-2）。

表 2-2　工程结构编码案例（以双轮铣为例）

编码级别	说明	标准名称	工程结构编码
第一级	分别代表轨道交通建设、轨道交通运营、房产项目类型	类型	G
第二级	费用类型	工程费用	G1
第三级	专业分类	车站专业	G101
第四级	子专业构成/车站、区间指敷设方式	地下车站	G10101
第五级	部位/车站、区间指工法	车站主体	G1010101
第六级	分部工程	明挖地下车站	G101010101
第七级	分部工程特征或分类	围护结构	G10101010101
第八级	分项工程	地下连续墙	G1010101010101
第九级	分项工程工艺	双轮铣	G101010101010101

（五）　案例说明

该编码技术标准已应用于轨道交通工程造价大数据平台系统工程结构编码，以支撑造价数据横向和纵向对比分析、指标预警等功能。图2-1、图2-2、图2-3为系统部分案例图示。

✔ 车站-专业工程结构

分部分项名称	单位	工程编码	指标更新状态	操作
▼ 车站	m²	G101000000000000	已完成	✎
▼ 地下车站	m²	G101010000000000	已完成	☆✎
▶ 车站主体	m²	G101010100000000	已完成	☆✎
▶ 出入口通道	m²	G101010200000000	已完成	☆✎
▶ 风道、风井	m²	G101010400000000	已完成	☆✎
施工监测	m²	G101010500000000	已完成	☆✎
▶ 车站装修	m²	G101010600000000	已完成	☆✎
▶ 车站附属设施	项	G101010700000000	已完成	☆✎
▶ 冷却塔	m²	G101010800000000	已完成	☆✎

图2-1　车站专业工程结构编码

章节 ❓	工程或费用名称	单位	A站（A号线）❌ 指标（万元/单位）	B站（A号线）❌ 指标（万元/单位）
1	车站	m²	1.27	0.99
1.1	地下车站	m²	1.27	0.99
1.1.1	车站主体	m²	1.09	0.74
1.1.1.1	明挖地下车站主体	m²	0.91	0.74
1.1.1.1.1	围护结构	m³	0.26	0.34

图2-2　工程对比

图 2-3　工程指标预警

二 城市轨道交通工程工料机编码技术标准研究

(一)　编码编制目的

城市轨道交通工程专业众多，涉及的人工、材料、机械、设备、系统、设施等（简称工料机）种类十分丰富。为解决不同工程中涉及上述工料机的名称、规格、单位等不统一的问题，需要制定一套统一的工料机编码技术标准。

(二)　编码规则

工料机编码是《建设工程人工材料设备机械数据标准》（GB/T 50851—2013）的延伸与改造，包括 19 位编码信息（标准名称 8 位 + 特征值编码 9 位 + 单位编码 2 位）。

（三）　编码范围

工料机编码适用于城市轨道交通工程各专业工程用到的人工、材料、机械、设备、系统、设施等，不包括设备备品、备件。

（四）　编码方式

系统采用智能解析（专利）技术对工料机信息进行自动编码。

编码流程如图 2 - 4 所示。

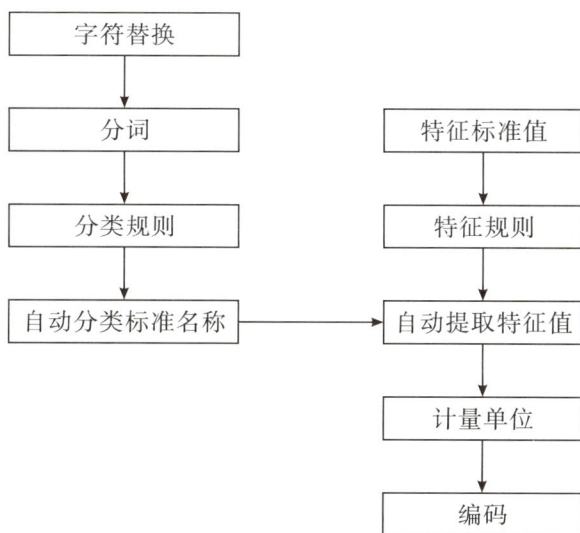

图 2 - 4　工料机标准化流程图

编码示例如表 2 - 3 所示。

表 2 - 3　工料机编码示例（某型螺纹钢）

国标一二级分类				品种流水码				特征项 1			特征项 2			特征项 3			单位	
0	1	0	1	2	0	0	8	0	0	7	0	0	7	0	0	0	0	1
螺纹钢								Φ10 以内			HRB400E						t	

（五）案例说明

该编码技术标准已应用于轨道交通工程造价大数据平台系统材料编码标准化，支撑材价行情分析、材价测算等功能。图2-5、图2-6、图2-7为部分案例图示。

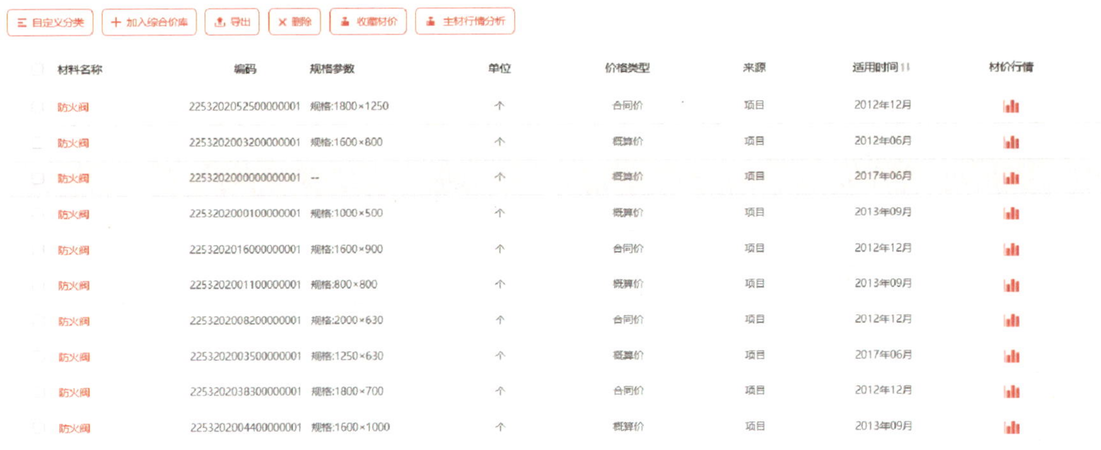

材料名称	编码	规格参数	单位	价格类型	来源	适用时间	材价行情
防火阀	2253202052500000001	规格:1800×1250	个	合同价	项目	2012年12月	
防火阀	2253202003200000001	规格:1600×800	个	概算价	项目	2012年06月	
防火阀	2253202000000000001	--	个	概算价	项目	2017年06月	
防火阀	2253202000100000001	规格:1000×500	个	概算价	项目	2013年09月	
防火阀	2253202016000000001	规格:1600×900	个	合同价	项目	2012年12月	
防火阀	2253202001100000001	规格:800×800	个	概算价	项目	2013年09月	
防火阀	2253202008200000001	规格:2000×630	个	合同价	项目	2012年12月	
防火阀	2253202003500000001	规格:1250×630	个	概算价	项目	2017年06月	
防火阀	2253202038300000001	规格:1800×700	个	合同价	项目	2012年12月	
防火阀	2253202004400000001	规格:1600×1000	个	概算价	项目	2013年09月	

图2-5　材料编码

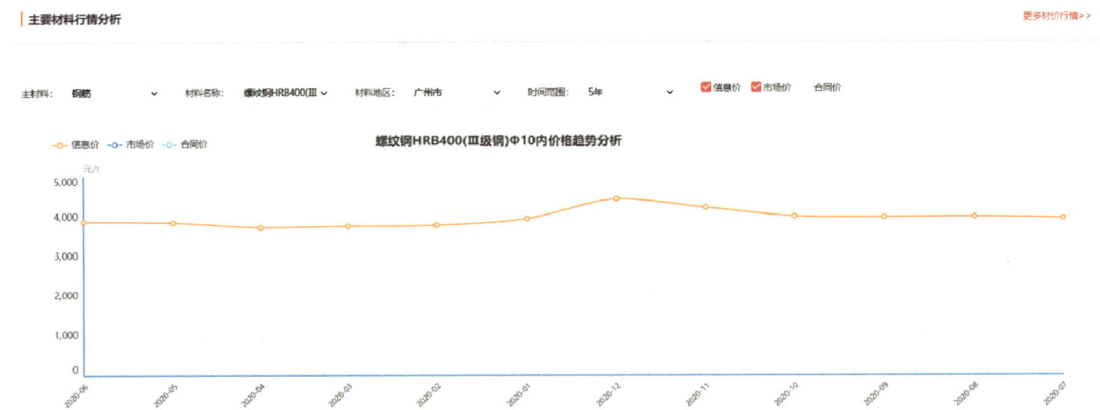

图2-6　材价行情

图 2 - 7　材价测算

三　城市轨道交通工程技术特征标准研究

（一）　编制目的

　　城市轨道交通工程造价受技术条件等影响较大，为系统解决造价与技术等关联关系的数字化分析问题，需要建立一套完整的技术特征标准。

（二）　编制规则

根据特征分类，生成三类编码：

（1）线路级别以 line 为类型，辅助线路编码做具体线路区分。

（2）专业级别以工程结构编码中的专业编码为基础，辅助线路编码做具体线路区分。

（3）分部分项级别以工程结构编码中的分部分项编码为基础，辅助线路编码做具体线路区分。

（三）　编码范围

从项目层级上，包含线路特征、专业特征、分部分项特征。

从特征因素级别上，根据特征影响的直接性或间接性，包含一级影响因素、二级影响因素。

（四）　编码方式

编码方式包括两类：

（1）采用技术手段从工程造价文件或文档中提取相关的技术特征，并赋予编码。

（2）由专业工程师补充填写技术特征，由系统自动赋予编码。

编码继承：通过技术架构实现不同级别的特征可以相互继承和引用，例如线路特征车辆编组可以继承到车站专业级别中。

（五）　案例说明

该编码技术标准已应用于轨道交通工程造价大数据平台系统工程结构、指标特征编码，实现了带有技术特征的造价指标计算关联、指标特征分析等功能。图 2-8、图 2-9、图 2-10、表 2-4 为部分案例示例。

图 2-8　车站工程结构特征编码

图 2-9　指标特征

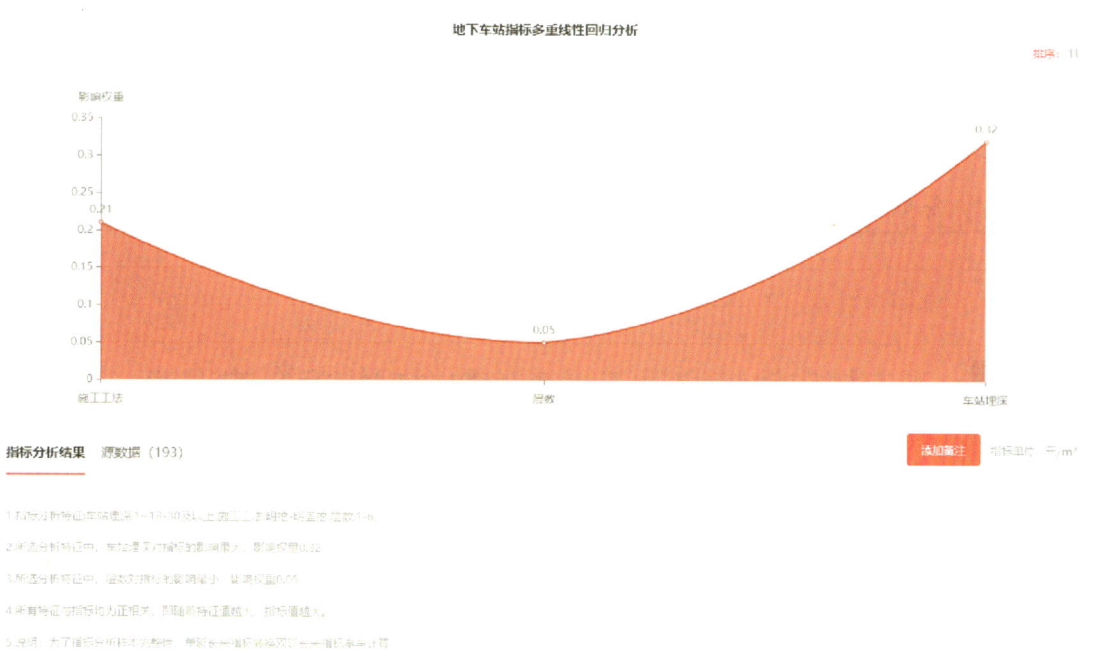

图 2-10　指标特征分析

表 2 - 4　车站技术特征

章号	工程及费用名称	单位	一级影响因素特征	一级因素值特征值
一	车站	m²	施工工法	明挖、盖挖、暗挖
	（一）车站主体	m²	车辆编组	4B、4L、6A、6B、6L、8A、8D
	1. 围护结构	m³	车站埋深	
	（1）地下连续墙	m³	车站埋深	
	（2）SWM 围护	m³	车站埋深	
	（3）钻孔（排）桩	m³	地质	红层、灰岩、花岗岩、软土层
	（4）锚索及土钉墙	m²	锚索类型	预应力锚索、普通锚索、回收类……
	（5）其他围护结构	m³		
	2. 土石方、支撑、降水	m³	地质	红层、灰岩、花岗岩、软土层
	（1）土方	m³	地质	红层、灰岩、花岗岩、软土层
	（2）石方	m³	地质	红层、灰岩、花岗岩、软土层
	（3）钢支撑	t	地质	红层、灰岩、花岗岩、软土层
	（4）混凝土支撑	m³	支撑道数	一道、二道
	3. 主体结构	m³	地质	红层、灰岩、花岗岩、软土层
	（1）内部钢筋混凝土结构	m³	地质	红层、灰岩、花岗岩、软土层
	（2）防水	m²	防水材料类型	PVC 防水板、土工布、防水涂料、止水带、防水卷材

四　城市轨道交通工程造价数据规约标准研究

（一）　当前城市轨道交通工程造价数据规约标准的现状

通过对城市轨道交通工程造价数据现状的分析，我们发现经过近年的工程建设，企业在工程项目各个专业领域积累了大量工程造价数据，但也面临着历史数据管理的四大难题：

（1）数据量大，文件格式、形式多，处理困难。

（2）造价数据存储无序、分散、混乱、易丢失。

（3）历史数据无法适应自动处理规约，自动化处理程度不高。

（4）数据处理难度大，数据查询、数据对比困难，不容易挖掘数据价值等。

基于上述问题，考虑到城市轨道交通工程造价数据要与造价改革及未来数字化战略相互融合，为进一步合理应用工程造价数据、开展工程造价数据挖掘应用，城市轨道交通工程造价大数据项目开展了关于城市轨道交通工程造价数据数字化规约技术标准的研究。

在轨道交通工程数字化技术标准的基础上，进一步整合梳理形成的造价数据编制办法，称为"轨道交通工程造价数据规约标准"，包括编制原则、文件组成、各专业数字化标准格式等，旨在从数据源头规范数据结构标准，减少非结构化数据，降低后期数据治理的难度，从头端做好数据管理工作。

（二）　数据规约的研究目标

（1）研究一套数据数字化规约的原则与要求。

（2）提供一套数据数字化规约规则，为数字化处理与应用奠定技术基础。

（3）制定一套数字化规约模板，要求充分结合大数据技术数字化的处理规则，约定工程造价数据的产生形式。

（三）　数据规约定义

数据规约旨在充分理解企业业务逻辑，在分析大量城市轨道交通工程造价成果数据文件后，尽可能地保持数据原貌，保留更多数据的特征属性，最大限度地统一数据格式、数据内容，为后续数据数字化处理与应用提供支撑，进而形成一套适用各业务流程分工的数据规约格式模板。

（四）　数据规约的范围

制定城市轨道交通工程造价全过程的估算价、概算价、合同价、结算价的数据规约模板，实现估算、概算、合同、结算数据串联，为全阶段造价分析及造价管理打下基础。

（五）　数据规约的原则

1. 尊重国家/行业标准

在数据规约研究编制过程中，充分借鉴国家现有的定额规范、清单规范、轨道交通概算编制办法、建设工程工料机数据编码标准等。

2．尊重业务逻辑

充分调研城市轨道交通行业的业务现状，分析城市轨道交通建设的业务操作模式，尊重整个行业的业务逻辑，开展数据规约标准研究编制。

3．尊重用户需求

结合企业在城市轨道交通行业的业务特殊性，满足本企业业务的现状和用户需求。

4．简单高效可推广

数据规约标准模板具有便于用户理解、接受度高、可推广的特点。

（六） 数据规约的形式要求

城市轨道交通不同阶段的工程造价，其数据规约标准形式会有所不同。

1．估算阶段

（1）数据颗粒度：满足线路总投资、四部分费用①、专业、单位工程总价维度以及工程概况特征。

（2）文件组成：总估算文件表格、工程项目可行性研究报告。

（3）单个文件格式规范。以总估算文件为例，如下：

①工程概况表，描述基本工程特征，例如施工工法采用明挖法。

②总估算及综合估算表，按 17 个专业来计列，形成总估算表。

③总估算及综合估算表章节编号，按照《城市轨道交通工程设计概算编制办法》（建标〔2017〕89 号）来编制，层级清晰。

④总估算及综合估算表的表头基本信息要完善、准确，重点部位见示例表红色字体（见图 2-11、图 2-12、图 2-13）。

---

① 工程造价专业将工程划分为一类工程费用、二类工程建设其他费用、三类预备费用、四类专项费用，统称为四部分费用。

工程概况表（线路）

工程名称		XXXX			
序号	名称	特征值		单位	特征说明
1	线路长度			正线公里	
2	敷设方式				地下敷设,地面敷设,高架敷设
3	是否全地下敷设				是,否
4	是否环线				是,否
5	车辆编组				4B,4L,6A,6B,6L8A,8D
6	设计时速			km/h	80,90,100,120,160
7	最高运行速度			km/h	80,90,100,120,160
8	初期配车数量			辆	
9	国产率			%	
10	编制年限				工料机计价水平确认的编制期
11	规划期				一期,一期调整,二期,三期,四期
12	交通衔接数量			站	
13	拆迁面积			m²	来源二类费房屋拆迁补偿工程量
14	征地面积			m²	来源二类费征地费用工程量
15	车站数量			座	

图 2-11　线路工程概况表（部分）示例

工程概况表（地下车站）

工程名称:	XXX站				
序号	名称	特征值		单位	特征说明
1	**地下车站**				
	车站建设性质				新建/扩建费
	设计客流			人/小时	
	是否换乘站				是,否
	车站长度			m	
	车站宽度			m	
	线间距			m	
	站台形式				岛式站台,侧式站台,混合式站台,单岛式……
	结构形式				几柱/无柱,例如单柱,双柱,三柱,无柱
	换乘方式				通道换乘,"十"字形换乘,"T"形换乘,"L"形换乘
	换乘次数			次	几线换乘,例如1.2.3……
	换乘类型				通道换乘,十字形换乘,T形换乘,L形换乘,上下平行式换乘,同层平行式布置,其他
	是否含同步实施费				是,否
	车站地质				灰岩,红层,花岗岩,软土,红层,软土,花岗岩,软土
	周边环境				房屋,管线,交通疏解,过汇,过河,过桥,过隧道
	车站埋深			m	基坑埋深
	层数			层	1,2,3,4,5,6
	覆土深度			m	顶板埋深
1.1	**车站主体**				
	施工工法				明挖,暗挖,盖挖,明暗挖,明暗盖挖
1.1.1	**围护结构**				
	围护结构深度			m	

图 2-12　地下车站工程概况表（部分）示例

章别	工程及费用名称	建筑工程	安装工程	备工器具购置	其他费	合计	其中外汇（万美元）	单位	数量	单位价值（万元）	各费用比重

广州市轨道交通XX号线XX期工程初期投资总估算表

| 建设名称 | 广州市轨道交通XX号线XX期工程 | 编制范围 | XX至XX | | 编号 | |
| 工程总量 | XXX正线公里 | 估算总额 | XXX万元 | | 技术经济指标 | XXXX万元/正线公里 |

估算金额（万元）／技术经济指标

第一部分：工程费用								正线公里		
一	车站							正线公里		
二	区间							正线公里		
三	轨道							正线公里		
四	通信							正线公里		
五	信号							正线公里		
六	供电							正线公里		
七	综合监控							正线公里		
八	防灾报警、环境与设备监控							正线公里		
九	安防及门禁							正线公里		
十	通风、空调与采暖							正线公里		
十一	给水排水与消防							正线公里		
十二	自动售检票							正线公里		
十三	车站辅助设备							正线公里		
十四	运营控制中心							正线公里		
十五	车辆段与综合基地							正线公里		
十六	人防							正线公里		
十七	一般站点交通衔接							正线公里		
第二部分：工程建设其它费用								正线公里		
十八	工程建设其它费用							正线公里		
第三部分：预备费用								正线公里		
十九	预备费用							正线公里		
第四部分：专项费用								正线公里		
二十	专项费用							正线公里		
	估算总额							正线公里		

图2-13　总估算表（部分）结构示例

2. 概算阶段

（1）数据颗粒度：满足线路总投资、四部分费用、专业、单位工程、分部分项、定额、工料机数据维度以及工程概况特征。

（2）文件组成：总概算文件表格、初步设计说明书、概算编制说明、册概算文件表格、册概算编制说明。

（3）单个文件格式规范。以册概算文件为例，如下：

①工程概况表，描述基本工程特征，例如施工工法采用明挖法。

②册概算表，按17个专业来分册，形成册汇总概算表。

③册概算表章节编号，按照《城市轨道交通工程设计概算编制办法》（建标〔2017〕89号）来编制，层级清晰。

④个别概算表（建筑、安装、设备），与册概算表的开项明细做到逐一对应、完整一致。

⑤工料机汇总表，对所有个别概算表中的工料机组成进行计价汇总。

⑥补充定额或者补充定额单价分析表（根据实际情况进行补充）。

⑦机电、系统专业需有设备、主材购置费表格。

⑧单位工程文件的表头基本信息要完善、准确，重点部位见示例表红色字体（见图 2 – 14）。

⑨工程概况表同估算阶段模板示例。

册概算表

第1页 共9页

册概算名称				XXX站						编号	XX-C-SJ-08-ZCTS-GYS-02-001	
工程总量		35013.00 平方米				册概算总额	46291.29 万元		技术经济指标	1.322117138 万元/平方米		
章号	节号	工程及费用名称	单位	数量	概算价值（万元）						指标（万元）
					Ⅰ建筑工程费	Ⅱ安装工程费	Ⅲ设备购置费	Ⅳ工程建设其他费用	合计	其中外汇（万美元）	
		第一部分 工程费用	正线公里	0.76	46291.29				46291.29		61312.96
一		车站	正线公里	0.76	46291.29				46291.29		61312.96
	1	地下车站	m²	35013.00	46291.29				46291.29		1.32
		一、车站主体	m²	31396.00	33898.63				33898.63		1.08
		（一）明挖地下车站	m²	31396.00	33898.63				33898.63		1.08
		1.围护结构	m³	35100.63	14545.36				14545.36		0.41
		（1）地下连续墙	m³	33324.68	11859.65				11859.65		0.36
		（5）其他围护结构	m³	1775.95	337.65				337.65		0.19
		（6）双轮铣工艺石方	m³	5280.16	1848.06				1848.06		0.35
		1)地下连续墙双轮铣工艺成槽(中风化)	m³	918.42	321.45				321.45		0.35
		2)地下连续墙双轮铣工艺成槽(微风化)	m³	4361.74	1526.61				1526.61		0.35
		（7）地下连续墙降效费	元	5000000.00	500.00				500.00		0.00
		2.土石方	m³	337531.42	6295.97				6295.97		0.02
		（1）土方	m³	325220.39	2834.51				2834.51		0.01
		（2）石方	m³	12311.03	273.46				273.46		0.02
		（3）砼支撑	m³	7945.59	1880.58				1880.58		0.24
		（4）钢支撑	t	1984.50	698.24				698.24		0.35

图 2 – 14　车站单位工程文件（部分）结构示例

3.合同阶段

（1）数据颗粒度：满足线路总投资、四部分费用、专业、单位工程、分部分项、清单、综合单价分析表、工料机数据维度以及工程概况特征。

（2）文件组成：单位工程文件表格。

（3）单个文件格式规范。以单位工程文件为例，如下：

①工程概况表，描述基本工程特征，例如施工工法采用明挖法。

②单位工程表，按 17 个专业来分册，形成总预算表。

③单位工程表章节编号，按照《城市轨道交通工程设计概算编制办法》（建标〔2017〕89 号）来编制，层级清晰。

④分部分项清单表，与册概算表的开项明细做到逐一对应、完整一致。

⑤工料机汇总表，对所有分部分项清单表中的工料机组成进行计价汇总。

⑥清单综合单价分析表（根据实际情况进行补充）。

⑦机电、系统专业需有设备、主材购置费表格。

⑧单位工程文件的表头基本信息要完善、准确（见图 2 – 15）。

⑨工程概况表同估算阶段模板示例。

4　分部分项工程和单价措施项目清单与计价表

工程名称：

序号	项目编号	项目名称	计量单位	项目特征	工作内容	计量规则	工程数量	金额（元）		备注
								综合单价	合价	
		地下车站（芳村站）	m²							
		一、车站主体	m²							
		（一）明挖地下车站	m²							
		1. 围护结构	m²							
		（1）地下连续墙	m²							
1	80206001002	混凝土冠梁钢筋制安	t				43.7	5399.78	235970.39	
2	80401004002	混凝土冠梁	m³				126	630.23	79408.98	
3	…									
填表说明		项目名称层级结构开项请根据概算编制办法89号文附录表结构填写。								

图 2 – 15　车站合同单位工程文件（部分）结构示例

4．结算阶段

（1）数据颗粒度：满足线路总投资、四部分费用、专业、单位工程、分部分项、清单、综合单价分析表、工料机数据维度以及工程概况特征。

（2）文件组成：单位工程文件表格。

（3）单个文件格式规范。以单位工程文件为例，如下：

①工程概况表，描述基本工程特征，例如施工工法采用明挖法。

②单位工程表，按 17 个专业来分册，形成总结算表。

③单位工程表章节编号，按照《城市轨道交通工程设计概算编制办法》（建标〔2017〕89 号）来编制，层级清晰。

④分部分项清单表，与册概算表的开项明细做到逐一对应、完整一致。

⑤工料机汇总表，对所有分部分项清单表中的工料机组成进行计价汇总。

⑥清单综合单价分析表（根据实际情况进行补充）。

⑦机电、系统专业需有设备、主材购置费表格。

⑧单位工程文件的表头基本信息要完善、准确。

⑨文件结构形式参照合同规约形式，工程概况表同估算阶段模板示例。

（七）　案例说明

　　该规约标准研究已应用于轨道交通工程造价大数据平台系统，实现了造价数据入库的管理，以保障数据的完整性、正确性、可用性，为数据分析、数据价值挖掘奠定了基础。图 2 – 16、图 2 – 17 为部分案例图示。

图 2 – 16　下载规约模板

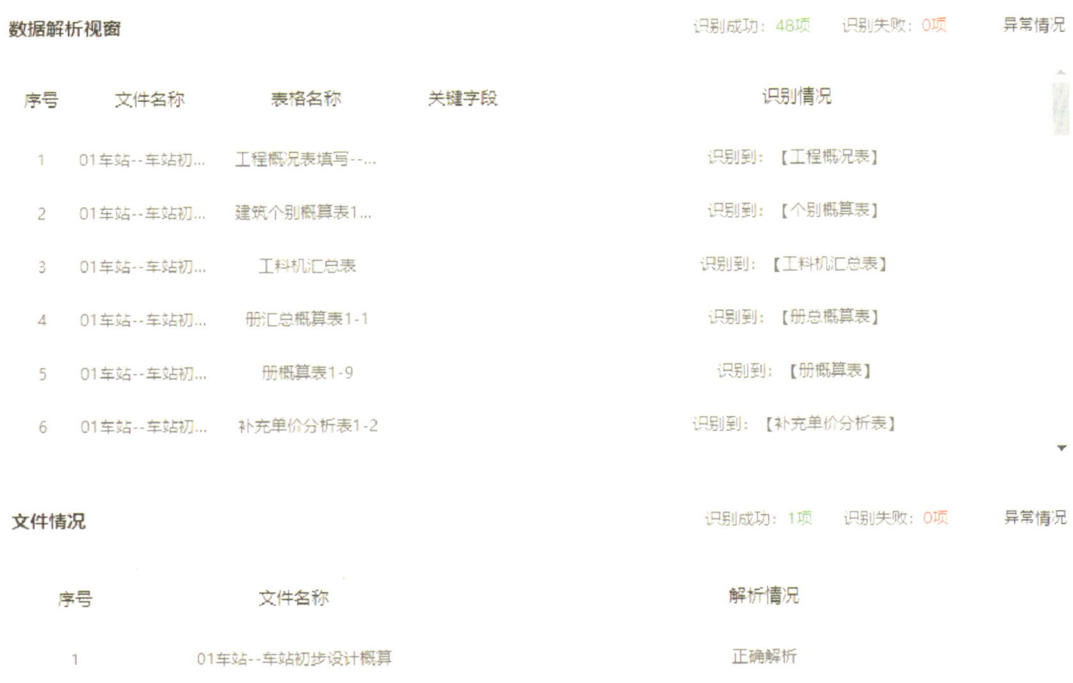

图 2 – 17　规约解析视窗

第三章

城市轨道交通工程造价大数据平台关键技术研究

本章重点介绍工程造价数据智能解析、工程造价数据仓库搭建、工程造价指标与技术特征的关联分析、工程造价指标分析、工程造价大数据平台主要功能等关键技术。

一 城市轨道交通工程造价数据智能解析关键技术研究

采用数据智能解析技术与工程结构编码、技术特征、全阶段工程造价数据融合关联，项目造价源文件（含 XML 格式/计价软件格式/Excel 格式的项目造价数据，及从其他渠道系统导进来的各项项目造价数据）导入大数据平台后，通过设定好的模板识别文件类型，自动提取，自动编码，自动按建设项目、单位工程、单项工程、专业、分部、分项、清单指引、工料机、工程指标数据归集入库。

（一） 实现过程及流程

获取各轨道交通造价成果 Excel 文件，对 Excel 文件内容格式进行识别，获取表格的行数、列数及有效单元格的信息，提取有效单元格中的字段属性信息。智能解析流程如图 3 – 1 所示。

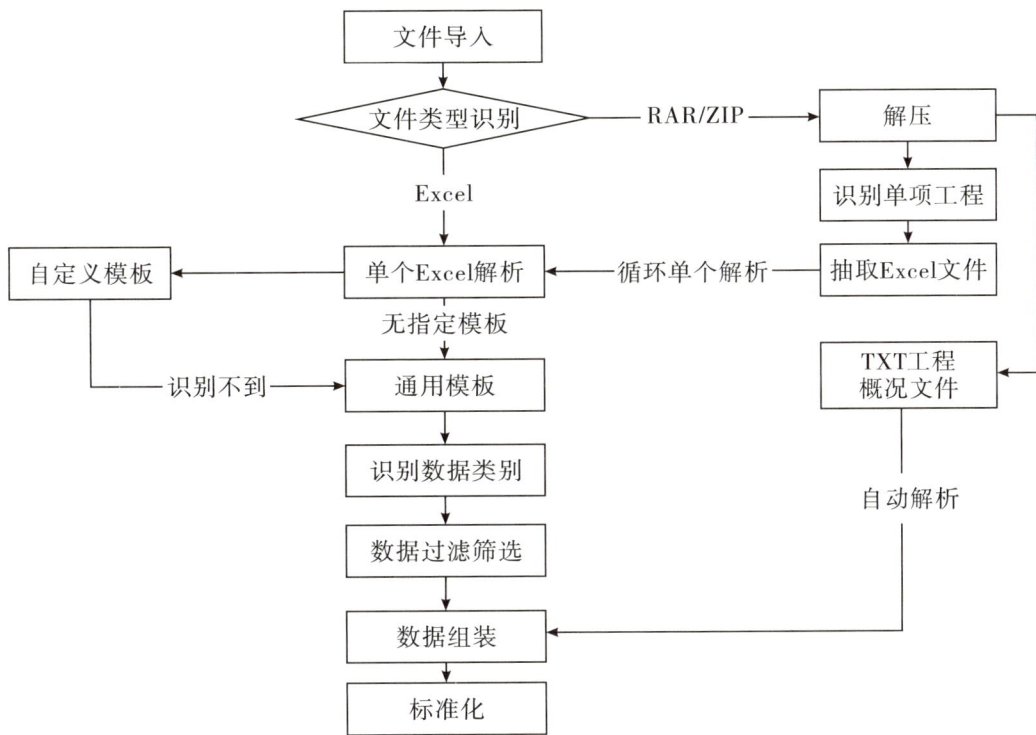

图 3 - 1　智能解析流程

〈二〉　上传工程造价成果文件

将原始文件 XML、Excel 导入系统，自动初始化、标准化形成系统页面数据（见图 3 - 2）。

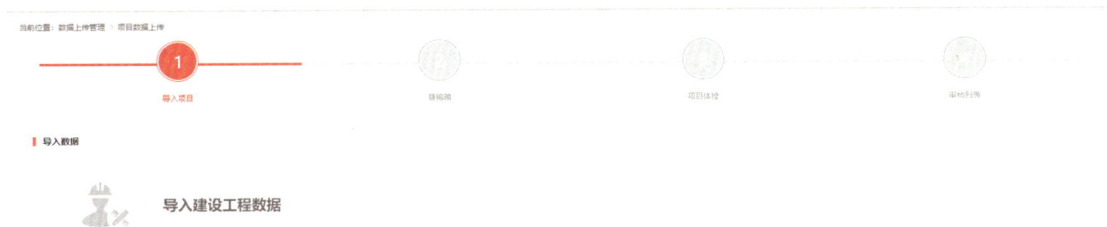

图 3 - 2　上传文件界面

支持 Excel 和 XML 文件格式导入项目，为控制导入数据的质量，导入项目以单位工程为颗粒度（见图 3 - 3）。

图 3-3　系统上传

（三）　工程造价源数据解析

根据提取的字段属性信息进行坐标定位，并提取有效的关键字段以及数值，读取估算、概算（见图3-4）、合同、结算阶段的模板。

册概算表

第1页　共6页

册概算名称		一、通信							编号		18400-C-GYS-05-(101,102)		
工程总量		33.50 正线公里				册概算总额 41293.0484 万元			技术经济指标 1232.62831 万元/正线公里				
						概算价值（万元）							指标（万元）
章号	节号	工程及费用名称	单位	数量		I 建筑工程费	II 安装工程费	III 设备购置费	IV 工程建设其他费用	合计	其中外汇（万美元）		
		第一部分 工程费用	正线公里	33.50		10288.85	1579.87	29424.33	0.00	41293.05	0.00		1232.63
四		通信	正线公里	33.50		10288.85	1579.87	29424.33	0.00	41293.05	0.00		1232.63
	14	通信	正线公里	33.50		10288.85	1579.87	29424.33	0.00	41293.05	0.00		1232.63
		一、专用通信	正线公里	33.50		8449.80	812.78	11907.99	0.00	21170.57	0.00		631.96
		（一）传输系统	正线公里	33.50		370.01	77.30	1798.27	0.00	2245.59	0.00		67.03
		1.建筑工程	正线公里	33.50		370.01	0.00	0.00	0.00	370.01	0.00		11.05
		2.安装工程	正线公里	33.50		0.00	77.30	0.00	0.00	77.30	0.00		2.31
		3.设备工程	正线公里	33.50		0.00	0.00	1798.27	0.00	1798.27	0.00		53.68
		（二）无线通信	正线公里	33.50		1028.82	274.77	1981.71	0.00	3285.30	0.00		98.07
		1.建筑工程	正线公里	33.50		1028.82	0.00	0.00	0.00	1028.82	0.00		30.71
		2.安装工程	正线公里	33.50		0.00	274.77	0.00	0.00	274.77	0.00		8.20
		3.设备工程	正线公里	33.50		0.00	0.00	1981.71	0.00	1981.71	0.00		59.16
		（三）公务电话	正线公里	33.50		382.17	48.35	775.80	0.00	1206.32	0.00		36.01
		1.建筑工程	正线公里	33.50		382.17	0.00	0.00	0.00	382.17	0.00		11.41
		（1）正线	正线公里	33.80		294.23	0.00	0.00	0.00	294.23	0.00		8.71
		（2）停车场	座	2.00		87.93	0.00	0.00	0.00	87.93	0.00		43.97

图 3-4　某通信工程册概算文件示例

将有效的关键字段加入缓存消息队列，并通过 Simhash 算法对关键字段相似度进行计算及统计，识别匹配出数据模板及数据类型（见图 3 - 5）。

建筑个别概算表

第6页　共80页

工程名称	一、通信		工程总量	33.50 正线公里		编号	18400-C-GYS-05-(101,102)			一、基本信息
所属章节	四　　章	14 节	概算价值	102888471.1 元		指标	3071297.644 元/正线公里			
序号	定额编号	工程项目或费用名称	单位	数量	单价(元)	合价(元)	其中(元)			备注	二、数据表头
							人工费	材料费	施工机械使用费		
	1	通信	正线公里	33.50	3071297.65	102888471.09	0.00	0.00	0.00		三、分部分项
		一、专用通信	正线公里	33.50	2522328.53	84498005.94	0.00	0.00	0.00		
		（一）传输系统	正线公里	33.50	110451.98	3700141.23	0.00	0.00	0.00		
		1、建筑工程	正线公里	33.50	110451.98	3700141.23	0.00	0.00	0.00		
1	参TG-161	敷设144芯单模光缆(G.652D)	条公里	104.65	22738.59	2379593.45	229034.38	2052805.40	97753.67		四、定额/清单
2	TG-183	光缆引入及成端(144芯)	处	26.00	9856.18	256260.65	19939.61	174538.49	61782.55		
1	A1	基期人工费	元		248973.98	248973.98	0.00	0.00	0.00		五、费用项组成
	A2	基期材料费	元		2227343.90	2227343.90	0.00	0.00	0.00		
	A3	基期施工机械使用费	元		159536.22	159536.22	0.00	0.00	0.00		
	A	定额直接工程费	元		2635854.10	2635854.10					
	B	运杂费	%		2227343.85	44546.88	0.00	0.00	0.00		
	C	价差合计	元		235603.00	235603.00	0.00	0.00	0.00		
	C1	人工费价差	元		233160.31	233160.31					
	C2	材料费价差	元		0.00	0.00	0.00	0.00	0.00		
	C3	施工机械使用费价差	元		2442.69	2442.69	0.00	0.00	0.00		
	D	填料费	元		0.00	0.00	0.00	0.00	0.00		
	E	直接工程费	元		2916003.98	2916003.98	0.00	0.00	0.00		
	F	施工措施费	%	19.69	408510.23	80435.66	0.00	0.00	0.00		

图 3 - 5　表格内容识别

将未知特征、标准格式特征以及相应的数值进行标准化，并按照轨道交通工程项目标准结构自动统计和汇总，形成初始解析文本。

（四）　成果文件业务数据与原数据表交互成果

通过智能解析技术，可在大数据平台上展示工程造价源文件，并保留其工程造价结构层级，保证数据的完整性与准确性（见图 3 - 6）。

在智能解析过程中，对于源文件可能存在的问题，系统会作出提醒，对常见的错误问题进行纠正，确保呈现出完整、准确、专业的工程造价数据。

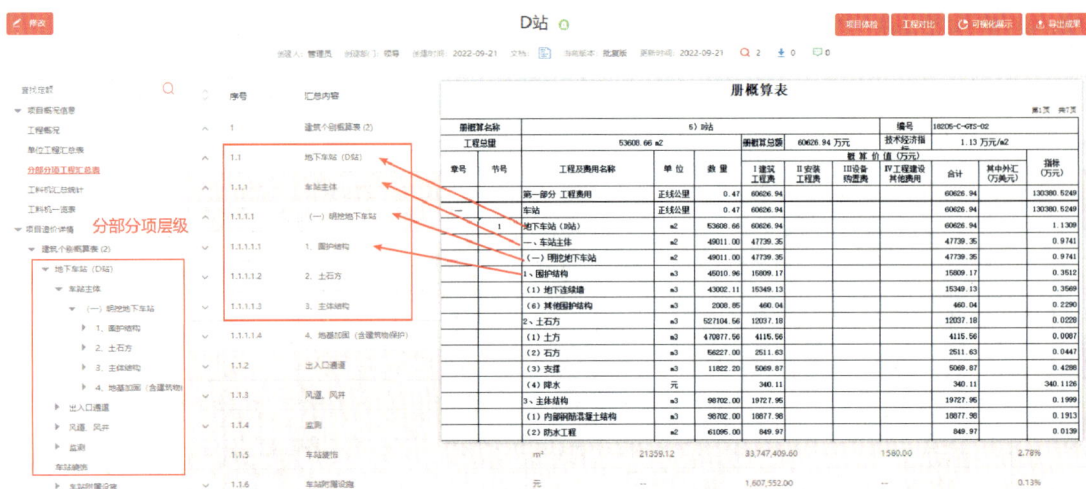

图 3-6　交互图

（五）　智能识别历史数据

对工程造价分部分项结构及名称进行标准化，利用贝叶斯算法概率分析定位工程结构，并结合人工辅助纠正，机器通过学习加强标准化、提高准确性。智能解析过程及结果如图 3-7、图 3-8 所示。

图 3-7　智能解析过程界面

图 3 - 8　解析成功界面

（六）　工程造价数据自动存储

在解析成功之后，系统将自动存储工程造价数据的相关信息，并分类存储到对应的数据库，如图 3 -9 所示，包括：

（1）工程项目基本信息，归入项目库。

（2）工程技术特征信息，归入特征值库。

（3）工程造价费用相关信息，归入项目库。其中，工程量清单归入清单库，定额归入定额库，工料机归入工料机库（材价库）。

（4）工程造价文档，归入文档库。

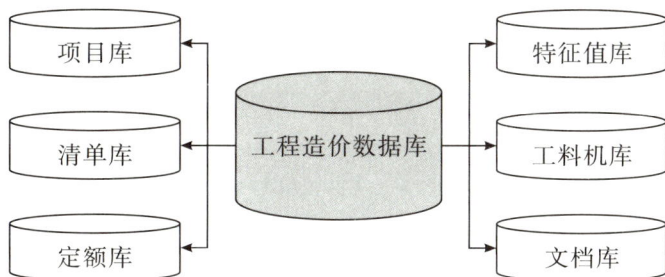

图 3 -9　工程造价数据库设计

二 城市轨道交通工程造价数据仓库搭建研究

城市轨道交通工程建设周期长，涉及单位、部门和人员多，且过去相当长一段时期信息化管理水平不高，工程造价数据基本处于随部门或人员流动管理、电子数据与纸质档案数据并存等状态，存在典型的数据孤岛现象。

由于没有信息化管理手段，工程造价信息查询对人员的依赖比较严重；同时，因为没有集中管理工程造价数据，数据分析的效率也比较低。

因此，建立一套应用计算机手段对轨道交通工程建设相关的各个阶段的造价成果数据进行汇聚、清洗、加工、分类的数据库十分必要。

（一） 数据采集方式

轨道交通工程造价基础数据采集，即源数据的采集，主要包括以下 3 种方式：

（1）人工收集，对数据进行加工整理，以这些数据作为系统启动的数据来源，将积累的大量数据盘活利用起来。

（2）系统对接，与既有存储造价文件或数据的其他内部系统对接。

（3）系统交互，通过外部数据交互接口，获取工程造价相关的外部市场数据。

（二） 数据存储技术

底层数据库设计采用造价及大数据技术、数据库技术。底层由各类数据源分析处理基础构成，如 Hadoop，包括 HDFS、Hive、Hbase 等，同时通过 OpenSpark 云计算实现内存及数据挖掘计算、各类数据的批处理及实时采集分析等，形成 Greenplum 数据仓库。通过 ETL 方式采集和同步相关数据，通过数据抽取、分发、清洗、转换和装载等过程进行数据的共享和初步处理，根据数据源的类型将数据存储到数据平台，对各种数据源进行整合、汇总、分析，实现分类快速提供数据功能。数据库使用包括分布式关系型数据库 MySQL、搜索引擎 Elasticsearch、内存数据库在内的数据以及分布式 FastDFS 文件数据存储能力，以确保数据量庞大情况下系统的存储能力及性能（见图 3 – 10）。

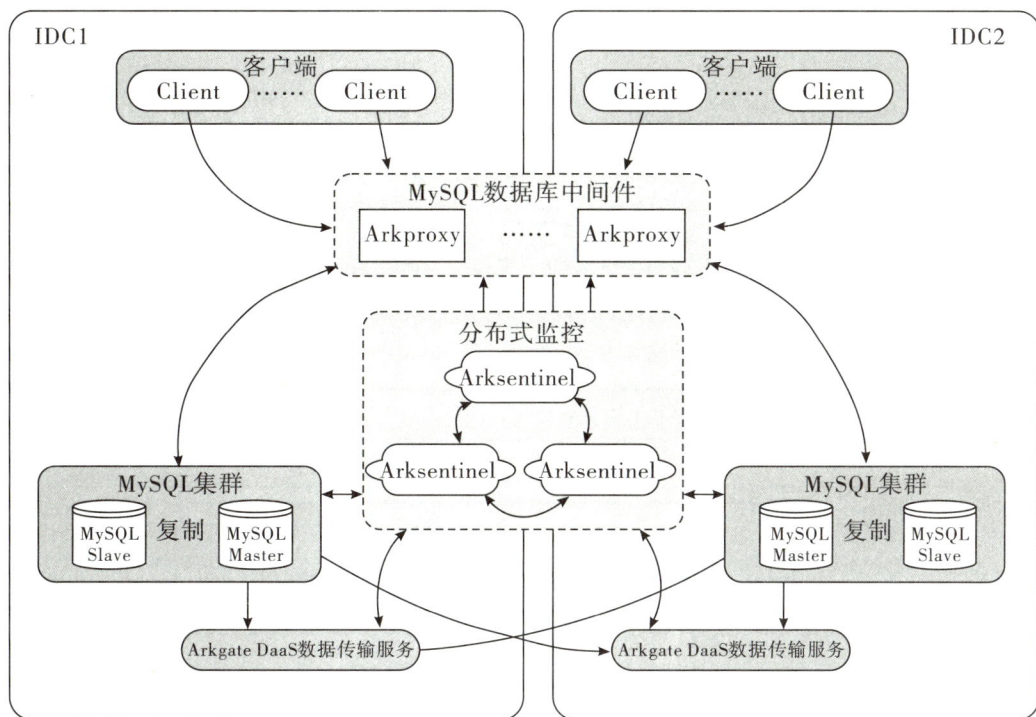

图 3 – 10 数据库架构

MySQL 数据库扩展性设计：

（1）主从复制：系统建立 MySQL 数据库主从，通过主从复制来扩展从库，主库可以读写，从库只读，以减轻主库的负担，从而提升读性能。

（2）分库分表：采用垂直拆分的方式，系统根据不同的业务划分为不同的库表，如项目库、指标库、源数据库等，确保随着业务的发展，数据库的承载能力能满足需求。

（3）数据库中间件：使用数据库中间件（例如：Arkproxy 或 Mycat）来达到读写分离的目的，解决数据库耦合问题，同时起着承前启后的作用。

（4）建立数据库集群：建立 MySQL 数据库高可用集群，来确保数据库性能的稳定性。

（三） 造价数据库分类

不同的业务数据存储归集形成材价库、综合材价库、项目库、指标库、清单库、定额库、文档库、品牌库等数据库。

材价库，指材料价格信息库，包括原始材价库、标准材价库。标准材价库是指已标准化编码、规格、单位的材价数据库，可以进行材价行情分析多维度对比。

综合材价库，指用户常用的材料综合价数据库，可以对材料价格进行测算。

项目库，指造价项目数据库，包括线路、专业、单位工程、分部分项维度数据。

指标库，指各个维度的造价指标数据库，包括线路、专业、单位工程、分部分项、二类费用等指标。

清单库，指造价项目数据中的清单汇集以及清单合集。

定额库，指造价项目数据中的定额汇集，也包含政府发布的定额信息。

文档库，指造价项目文件、档案文件及用户上传文件共享库。

品牌库，指材价信息的主要提供商品牌管理。

数据库之间的数据流转分析如图 3 - 11 所示。

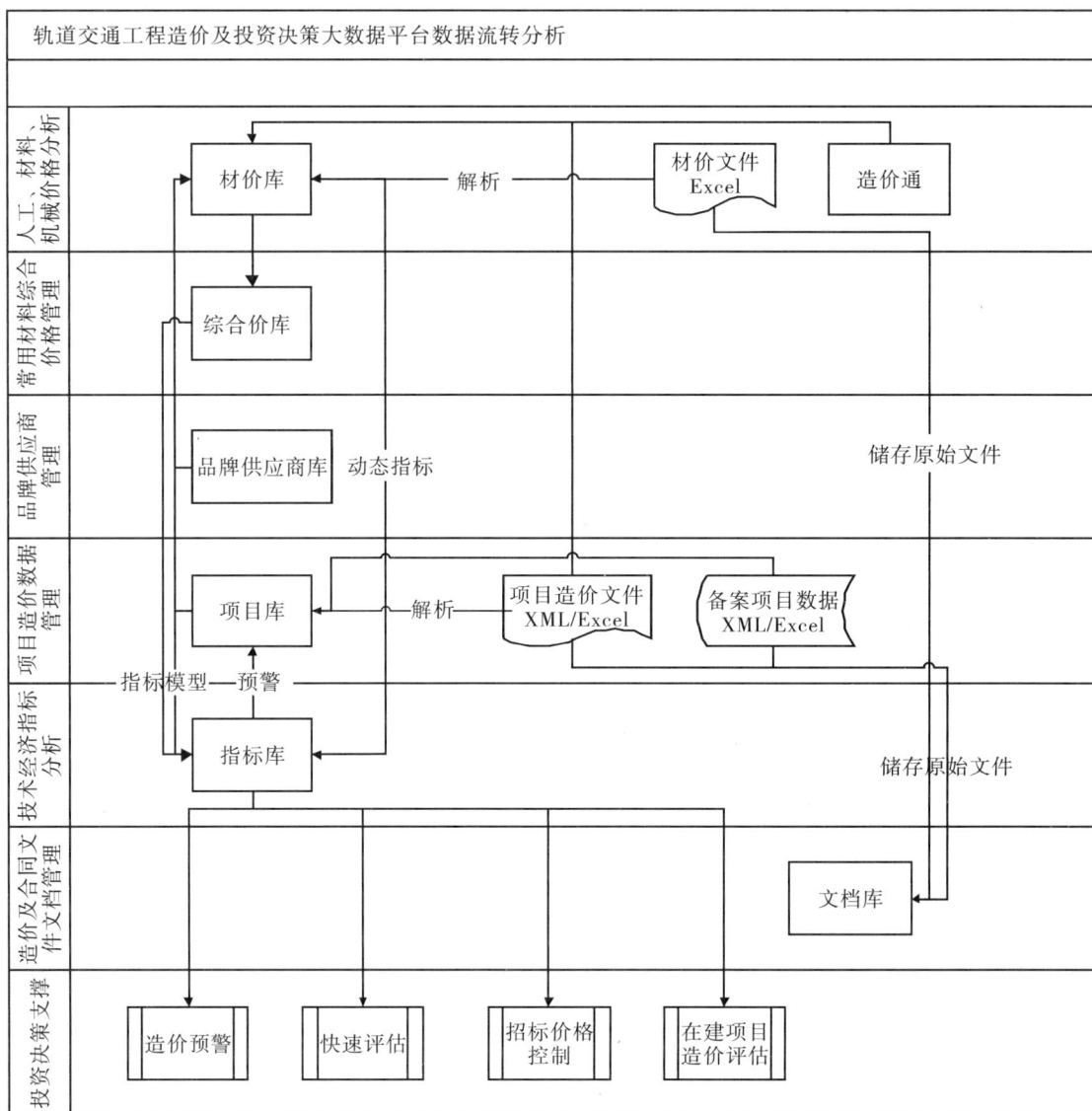

图 3 - 11　数据流转图

三　城市轨道交通工程造价指标与技术特征的关联分析研究

技术特征（即工程技术条件，如"红层明挖两层车站"）影响造价指标虽是业务常识，但在计算机应用领域，尚未建立一个完整的指标特征库。当需要对某指标进行分析的时候，需要从大量的资料文件中抽取指标特征。例如，如果想通过传统方式知道影响车站造价指标的特征有哪些，需要人工从工程可行性研究报告、初步概算设计书、单位工程册概算表逐行逐条去查阅，并且需要通过大量的人工整理和计算，才能找到一部分的技术特征，如车站地质、施工工法、车站埋深、围护结构形式等。如果要了解需要运算的特征指标，则更需要花费大量时间成本进行测算，如车站常用的含钢量、含砼量的综合指标对造价的影响关系。为此，需要建立一个全面的指标特征库，并通过技术手段快速提取和智能完善造价指标特征，对历史特征数据进行快速处理，配合规约模板将所有项目的技术特征填报规范化，采用造价文件填报、系统提取、系统计算、系统继承等方式，实现任意技术条件下的造价指标提取、组合、分析，降低提供特征及维护的时间成本，提高工作效率，降低错误率、数据缺失率。

（一）　工程造价指标与技术特征关联

通过对初步设计报告、原造价文件的分析，集合造价人员长年累月的工作经验，建立一套从线路到分部分项工程的指标体系。

目前技术特征覆盖情况如表 3 - 1 所示。

表 3 - 1　各造价阶段技术特征覆盖情况

项目类型	估算	概算	合同	结算
线路	√	√	√	√
专业	√	√	√	√
单位工程	√	√	√	√
分部分项工程	○	√	○	○

注：√：已形成标准；○：研究进行中。

将数据解析存储后使用共同规则进行编码，作为数据身份的识别 ID，不仅可用在业务的项目数据分级与技术特征分类上，还可以作为计算机数据抽取的 ID 判断依据，实现计算机应用与业务应用的"双适用"效果。

　　不同层级的项目建立一一对应的特征和特征值，在分析工程造价指标时，可以分层分类进行统计分析。

　　以"某个车站工程"为例，其对应的特征项名称和特征值示例如表 3－2 所示。

表 3－2　车站特征编码示例

专业	特征编码	特征名称	特征值范围	单位
车站	08－01－0002	车站类型	地下车站，高架车站，地面车站	
车站	08－01－0015	出入口数量		个
车站	08－01－0016	风道风井数量		个
车站	08－01－0017	抗震等级	Ⅰ，Ⅱ，Ⅲ，Ⅳ，Ⅴ…	级
车站	08－01－0027	含钢量		t/m^3
车站	08－01－0028	车站周长面积比		%
车站	08－01－0058	风亭数量		组
车站	08－01－0064	设计客流		人/小时
车站	08－01－0065	线间距		m
车站	08－01－0066	派出所面积		m^2
车站	08－01－0068	是否换乘站	是，否	

　　系统提供技术特征表的维护，如图 3－12 所示。

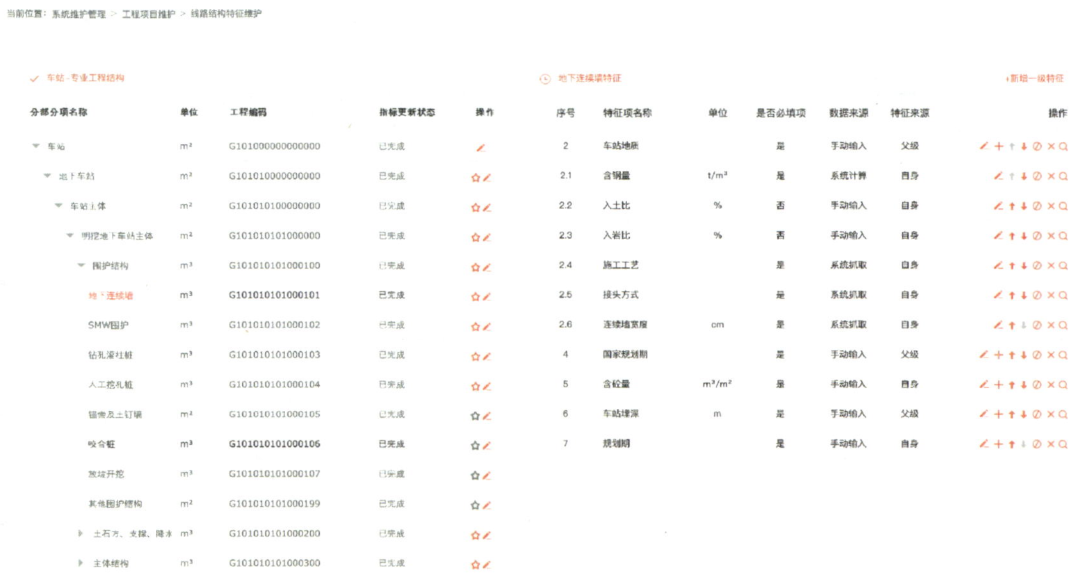

图 3－12　维护特征

（二）　技术特征获取技术研究

（1）造价文件填报：在造价文件中增加必要填报的项目特征，利用智能解析程序读取车站技术特征（如车站层数、车站地质、车站埋深等），以"×车站单位工程特征"上报案例展示。

在造价文件中补充特征值，如表 3－3 所示。

表 3－3　某车站特征表

工程概况表（车站）					
工程名称			××站		
序号	名称	特征编码	特征值	单位	特征说明
1	车站别名	08－01－0101	××站		
2	敷设方式	08－01－0002	地下车站		
3	施工工法	08－01－0093	明挖		
4	风亭数量	08－01－0058	3	组	
5	风道风井数量	08－01－0016		个	
6	抗震等级	08－01－0017	Ⅶ	级	
7	设计客流	08－01－0064	23144×1.3	人/小时	
8	线间距	08－01－0065	25	m	
9	派出所面积	08－01－0066	1200	m²	
10	是否换乘站	08－01－0068	否		
11	换乘类型	08－01－0188	通道换乘		
12	换乘方式	08－01－0069			
13	换乘次数	08－01－0070	1	次	
14	是否含派出所	08－01－0072	否		
15	站台类型	08－01－0189	岛式		
16	站台形式	08－01－0088	岛式站台		
17	站台宽度	08－01－0089	11	m	
18	是否有控制中心	08－01－0104	否		
19	是否有派出所	08－01－0105	否		

（续上表）

序号	名称	特征编码	特征值	单位	特征说明
20	是否有溶洞处理	08 – 01 – 0106	否		
21	是否有孤石处理	08 – 01 – 0107	否		
22	是否有地基加固	08 – 01 – 0108	否		
23	车站地质	08 – 01 – 0109	红层		
24	是否含同步实施费	08 – 01 – 0126	是		
25	同步实施总费用	08 – 01 – 0114	12000	万元	
26	结构形式	08 – 01 – 0125			
27	覆土深度	08 – 01 – 0128	3	m	
28	周边环境	08 – 01 – 0130	房屋		
29	车站跨数	08 – 01 – 0131	3	跨	

系统解析程序对特征解析提取的结果如图 3 – 13 所示。

线路基本特征		
线路长度	**正线公里	车站数量	**座
区间数量	**段	换乘站数量	2座
最高运行速度	120km/h	最小站间距	1.34665km
最大站间距	5.27346km	平均站间距	2km
车辆段数量	1座	主变电站数量	2座
主变电站电压	110	受电方式	接触网
变电所数量	18座	牵引网类型	15kV直流
国产率	70%以上	拆迁面积	65530.00㎡
征地面积	**㎡	线路编码	**
编制年限	**-**-**	车辆编组	6B
是否全地下敷设	是	地下车站数量	10座
国家规划期	**	归属区县	**
设计时速	120km/h	地下敷设长度	20正线公里
运营编号	A线路	线路名称	A线路
敷设方式	地下敷设	规划期	B期工程
初期配车数量	66辆	是否开通	是

图 3 – 13　特征提取结果

（2）系统自动提取：通过解析原造价文件开项注明的特征自动提取特征，如车站技术特征，包括敷设方式、施工方法、围护结构形式等。特征提取结果如图 3 - 14 所示。

图 3 - 14　编辑特征信息

（3）通过工程造价结构进行上下级自动继承，如"线路特征—车辆编制"继承子级"车站—单位工程特征—车辆编组"，这不但避免相同特征重复录入，而且降低录错率，实现步骤如下：

①特征设置。

对于需要继承到其他开项的特征，在特征维护的时候要设置好，以线路特征设置为例，如图 3 - 15 所示。

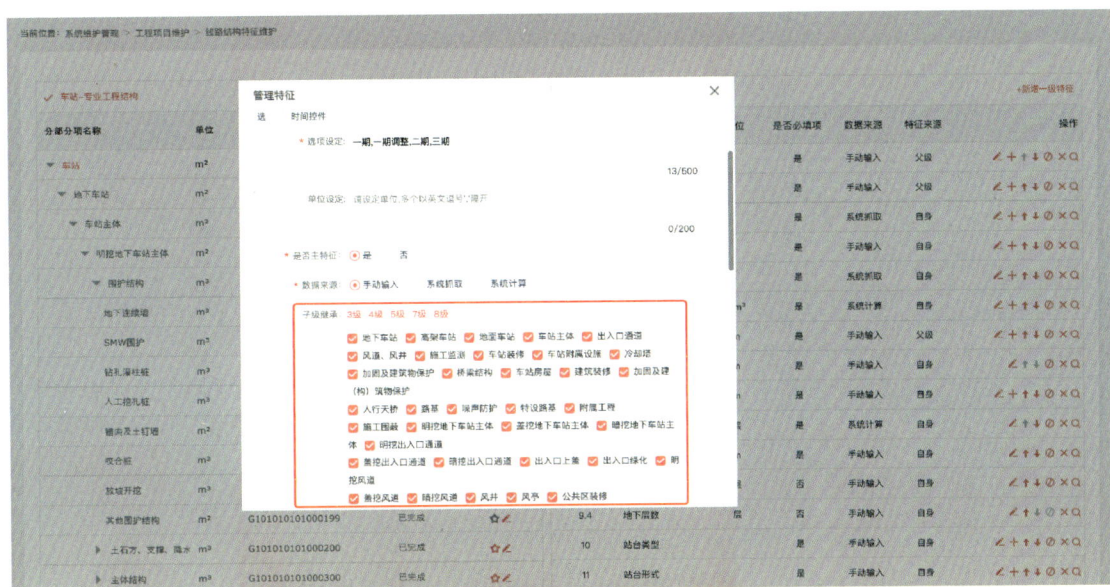

图 3 - 15　特征设置

②线路特征完善。

特征完善及继承页面如图 3－16、图 3－17 所示。

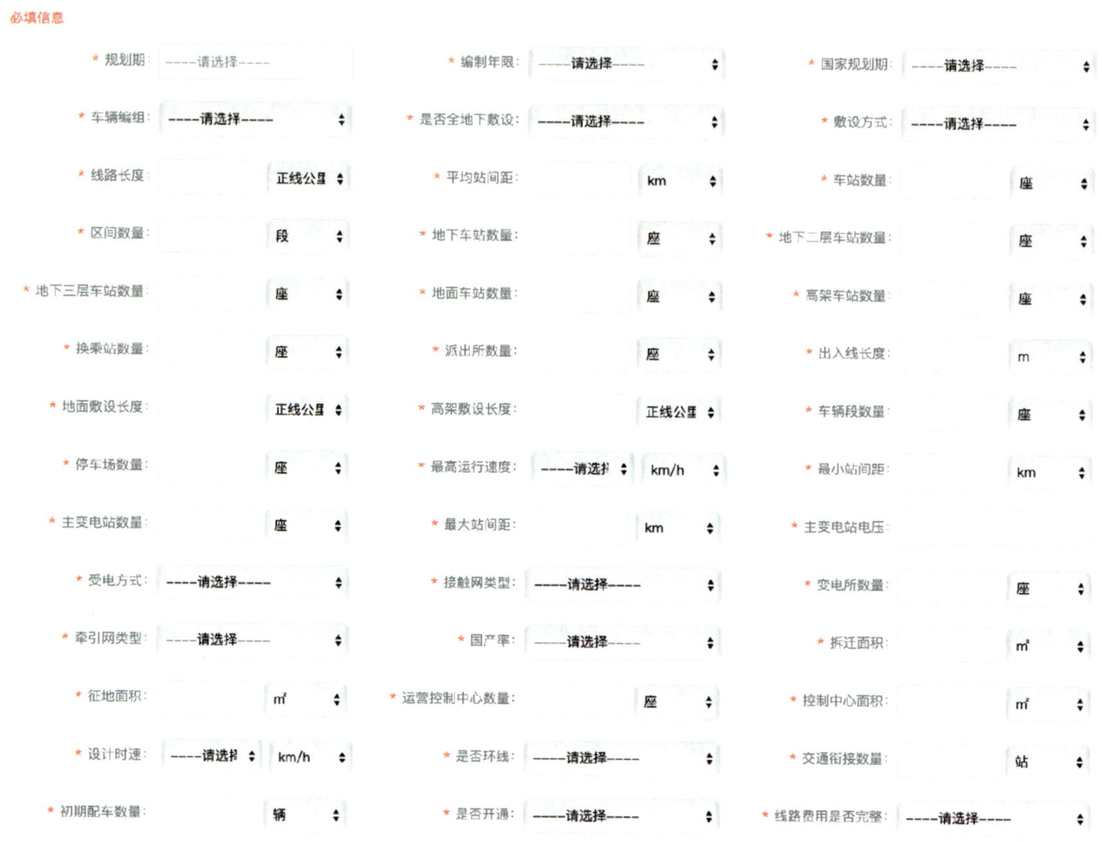

图 3－16　线路特征完善页面

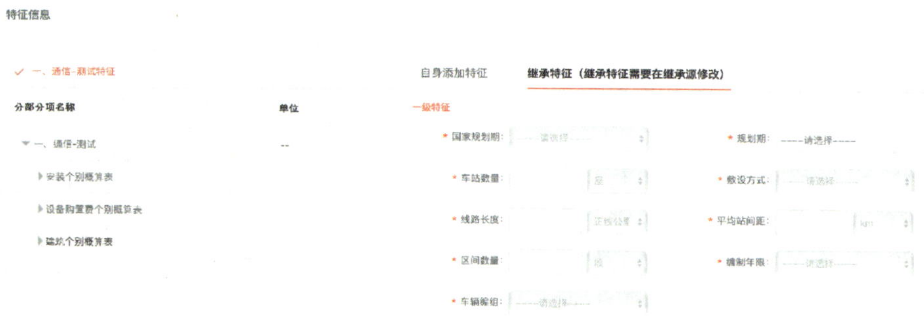

图 3－17　特征继承页面

四 城市轨道交通工程造价指标分析

一 原始指标

原始指标是指通过提取项目造价文件的造价数据，系统按照业务规则"造价金额/工程数量"自动完成造价指标计算，如某车站指标"1.14万元/m²"。指标计算范围覆盖线路、专业、单位工程、分部分项工程各个维度，包含估算、概算、合同、结算的项目阶段。它是项目最原始、最直观的造价指标水平的反映。

二 聚类指标

聚类指标是指在不经过人为干预的情况下，采用聚类算法对同类型指标按照指标工程技术特征、占比分析、工程量指标进行自动化分析，形成不同工程技术特征下的综合指标（见图3-18），如工程技术特征为"层数：2层、埋深15m"的车站主体聚类参考指标为"0.84万元/m²"。它是衡量线网同类型指标在相似工程技术条件下水平的指标标准。

图3-18 聚类指标

（三）　技术指标

1. 主材消耗量指标

主材消耗量指标是指工程中人工、主要材料、机械台班等每单位工程量的消耗量（见图 3-19），如车站的地下管片拼接每立方米钢筋消耗量为"0.15t/m³"。它是衡量工程造价指标水平的重要参照因素之一。

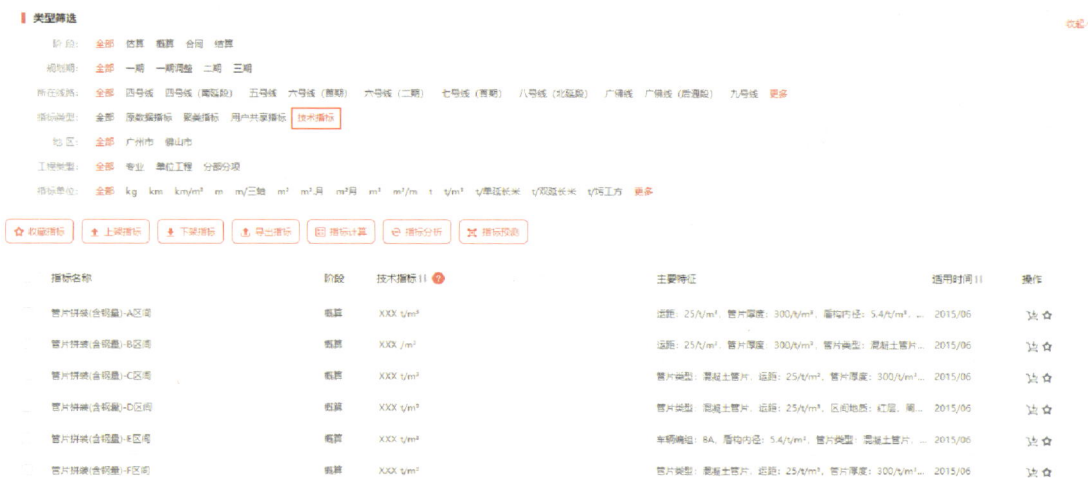

图 3-19　主材消耗量指标

2. 工程量指标

工程量指标是对构成工程实体主要构件或要素数量的统计分析，包括单方连续墙、脚手架、模板等工程量，以及按建筑项目用途统计分析的单方地面、顶棚、内墙、外墙等装饰工程量（见表 3-4）。

表 3-4　常见工程量指标

序号	工程名称	单位
1	钢筋混凝土现、预制桩（长 10m 内）	m³；/100m² 基础面积
2	顶棚	m³；/100m² 建筑面积
3	门	m³；/100m² 建筑面积
4	楼梯投影面积	m³；/100m² 建筑面积

（续上表）

序号	工程名称	单位
5	内墙（不同厚度）及隔墙	m^3；/$100m^2$ 建筑面积
6	内墙装饰（不同做法）	m^3；/$100m^2$ 建筑面积

（四）　自定义指标

自定义指标是指基于平台生成原始指标、聚类指标，通过关联工程技术特征进行特点条件筛选，抽取分析指标样本，利用内置大数据算法，如正态分布、平均偏差率等，对特定条件样本进行二次计算得到的指标（见图3–20），如计算"明挖地下2层、地质红层"的系统平均指标。

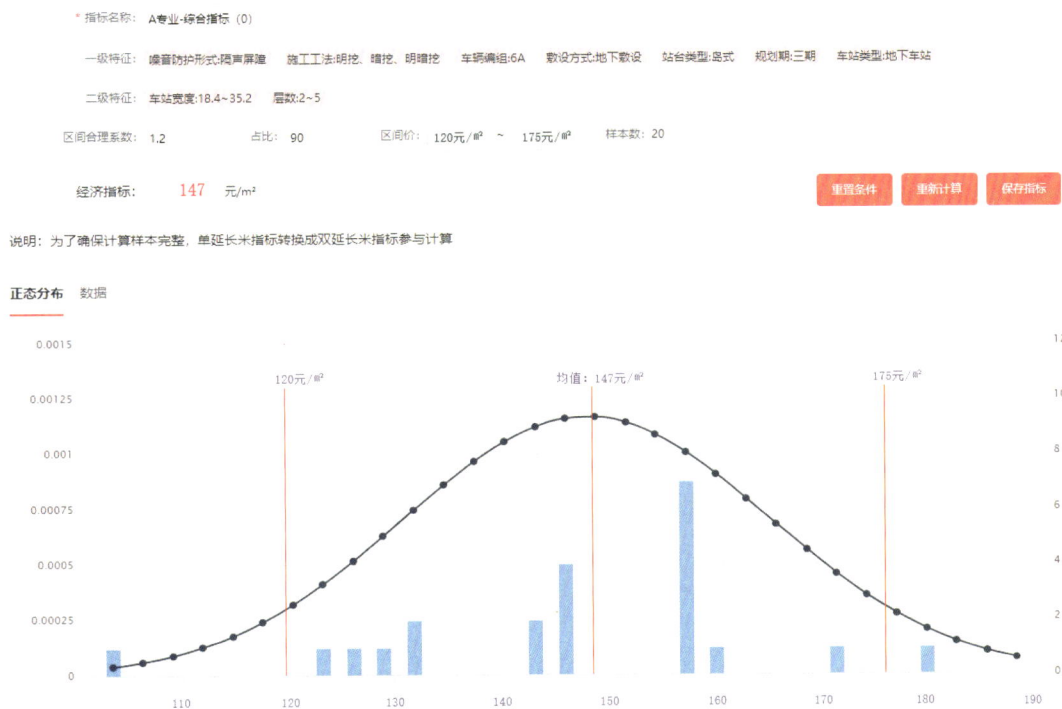

图 3 – 20　自定义指标计算

数据采集	数据加工	数据分析	数据应用

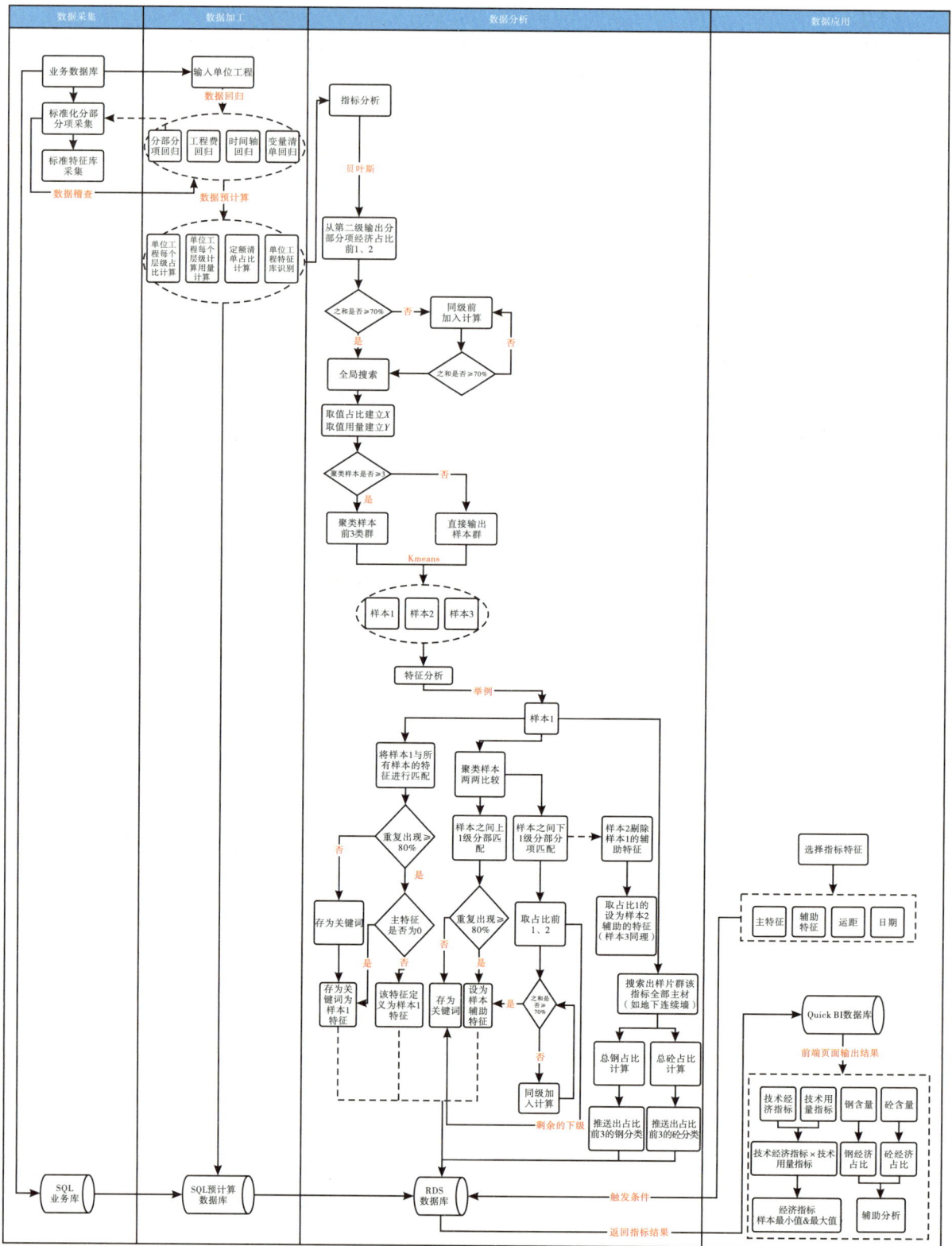

图 3-21 聚类分析逻辑

（五） 聚类指标分析模型研究

指标纬度从造价阶段可以划分为估算、概算、合同、结算，从工程纬度可以划分为线路、专业、单位工程、分部分项工程，其中单位工程、分部分项工程的指标占据原始工程指标的80%以上。对于日常庞大的指标，应用传统的统计学方法较难分析出指标的规律。为此，经过对指标进行抽样、分析原始指标的特性，可以通过人工智能算法之一的聚类算法，自动对同类型指标进行聚类分析，测算出相似特征指标的综合水平（见图3-21）。

从大量的历史原始指标中，通过合理的计算模型，系统测算同一类指标在各个时期的综合水平，并以此作为未来项目指标的参照指标，辅助决策。

1．原数据分部分项标准化

原数据分部分项标准化流程如图3-22所示，步骤如下：

（1）从数据库表取出已经编码好的分部分项。

（2）为分部分项按照层级关系设计带层级的名称。

（3）按专业编码区分分部分项，然后进行分词组合、词组向量化、贝叶斯训练。

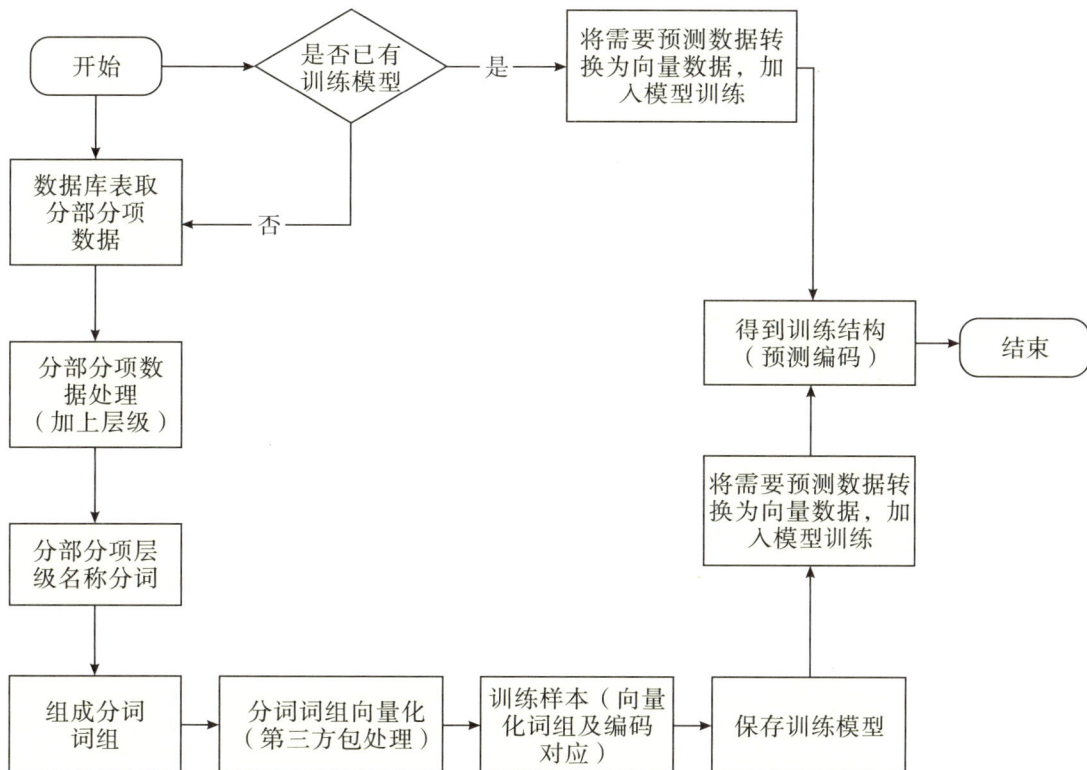

图3-22 分部分项标准化流程

2. 样本特征提取

该步骤为程序处理，人工无法进行处理。

整体流程如图 3 - 23、图 3 - 24 所示。

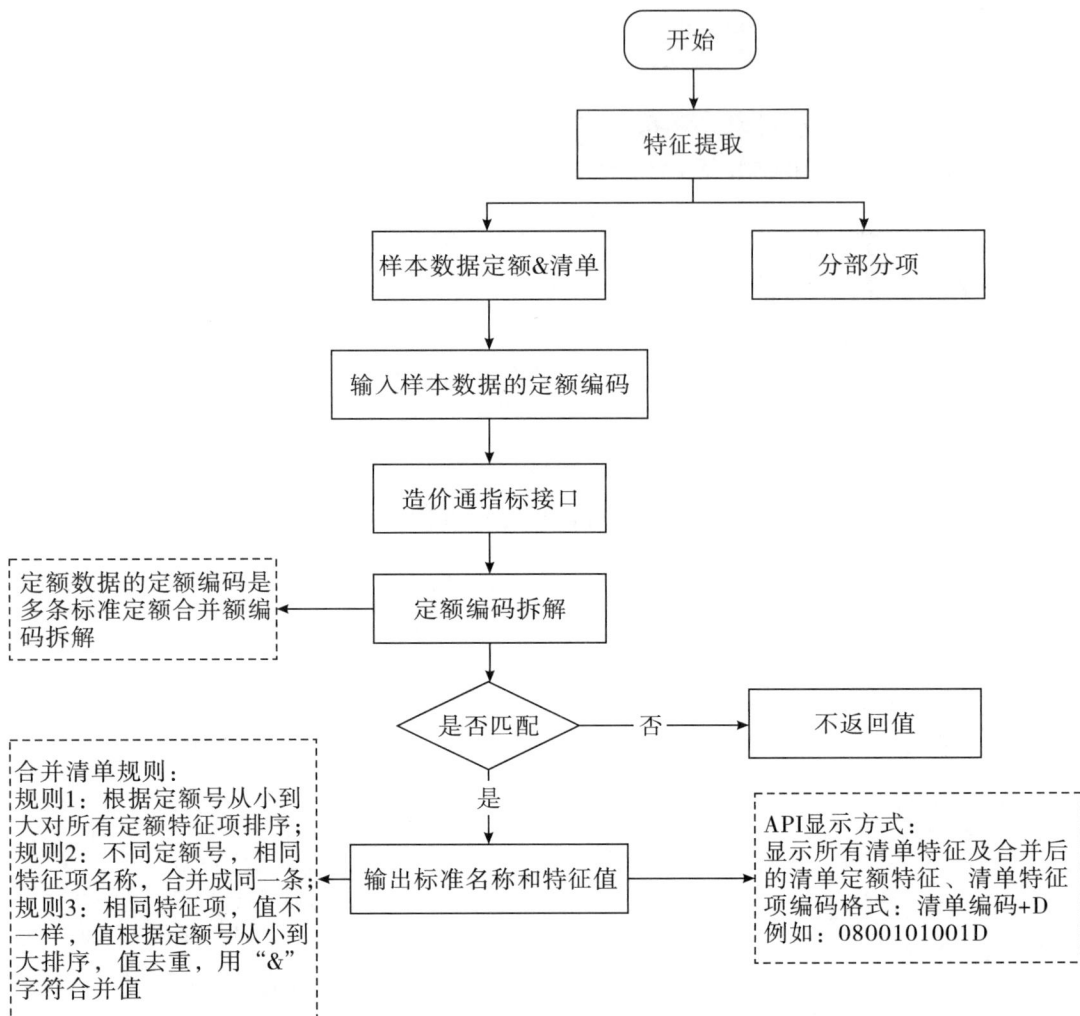

图 3 - 23 特征提取流程（1）

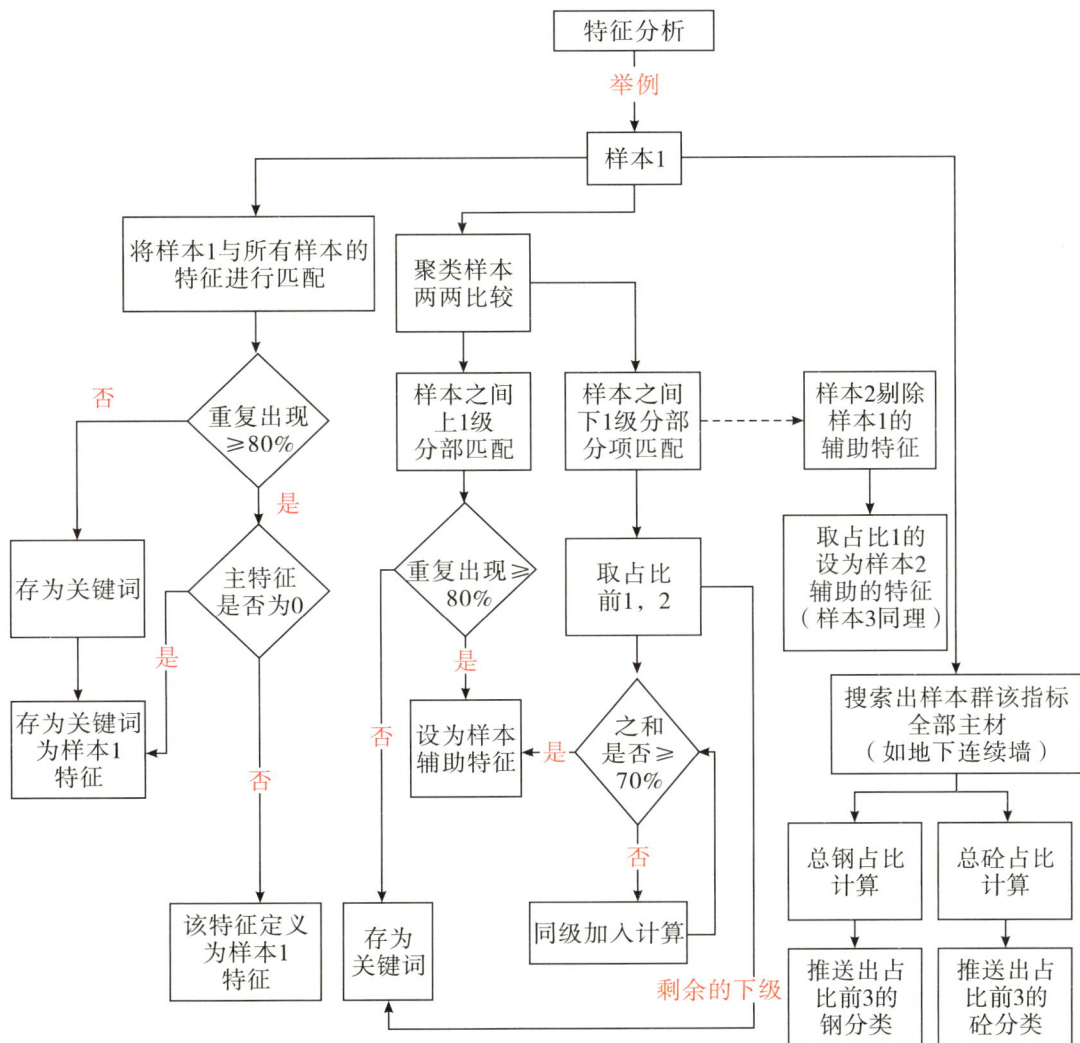

图 3 - 24 特征提取流程（2）

（1）计算综合指标特征。

描述：计算类族的主要特征，普通特征。

输入项：类族 ID。

输出项：主要特征，普通特征。

计算流程图（见图 3 - 25）：

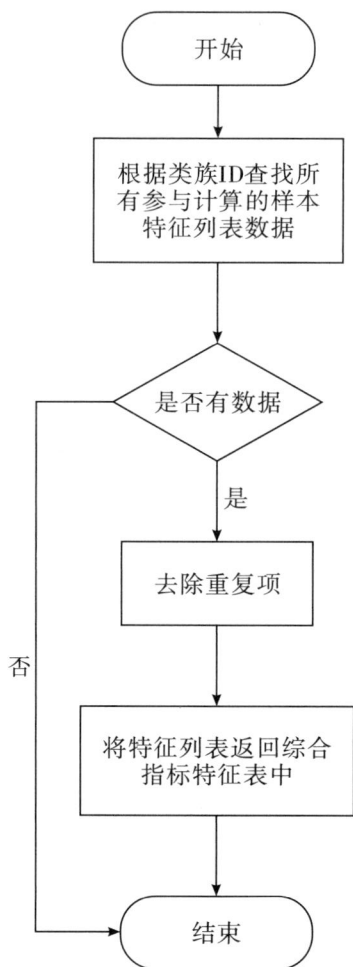

图 3 – 25　综合指标特征计算流程

①输入类族 ID；

②查找所有参与计算的样本特征列表；

③计算每个特征的出现率；

④出现率超过 80% 的定义为主特征，否则为普通特征；

⑤去除重复特征；

⑥遇到连续变量的特征则合并；

⑦然后将特征列表返回综合指标特征表中。

指标相关时序图如图 3 – 26 所示。

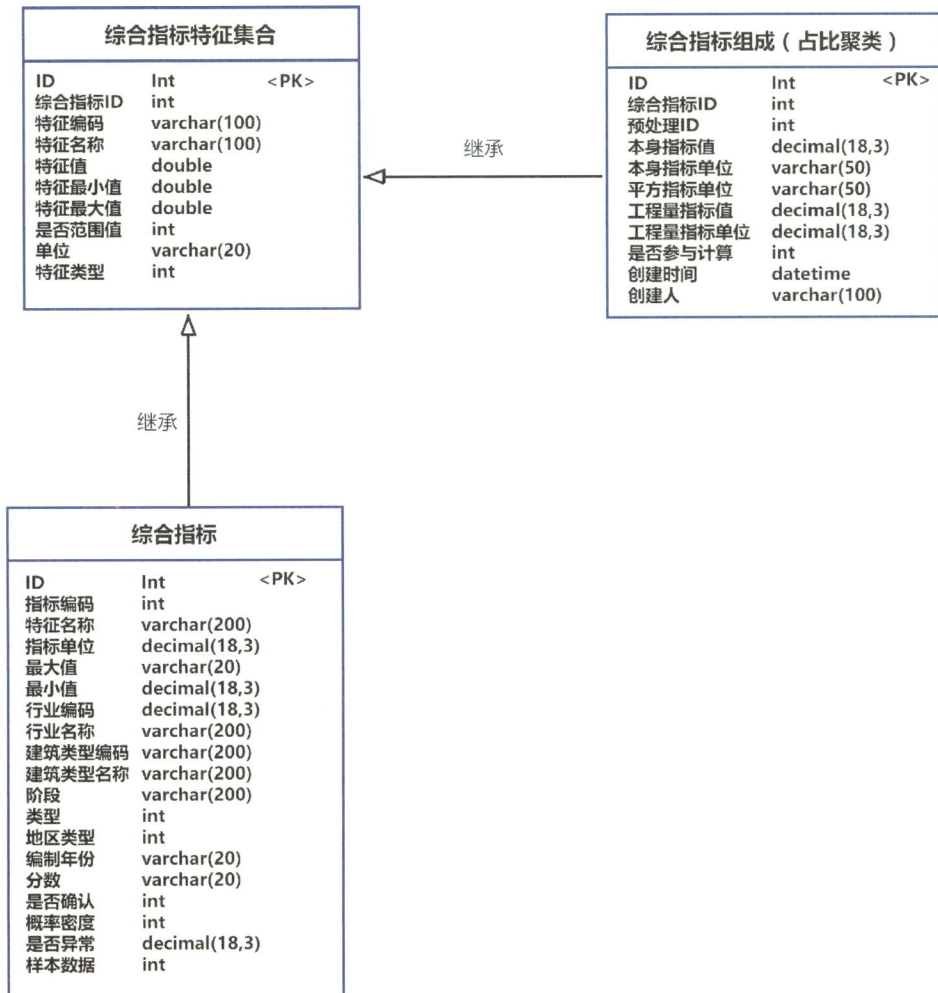

综合指标特征集合		
ID	Int	<PK>
综合指标ID	int	
特征编码	varchar(100)	
特征名称	varchar(100)	
特征值	double	
特征最小值	double	
特征最大值	double	
是否范围值	int	
单位	varchar(20)	
特征类型	int	

综合指标组成（占比聚类）		
ID	Int	<PK>
综合指标ID	int	
预处理ID	int	
本身指标值	decimal(18,3)	
本身指标单位	varchar(50)	
平方指标单位	varchar(50)	
工程量指标值	decimal(18,3)	
工程量指标单位	decimal(18,3)	
是否参与计算	int	
创建时间	datetime	
创建人	varchar(100)	

继承

综合指标		
ID	Int	<PK>
指标编码	int	
特征名称	varchar(200)	
指标单位	decimal(18,3)	
最大值	varchar(20)	
最小值	decimal(18,3)	
行业编码	decimal(18,3)	
行业名称	varchar(200)	
建筑类型编码	varchar(200)	
建筑类型名称	varchar(200)	
阶段	varchar(200)	
类型	int	
地区类型	int	
编制年份	varchar(20)	
分数	varchar(20)	
是否确认	int	
概率密度	int	
是否异常	decimal(18,3)	
样本数据	int	

图 3 - 26　指标相关时序图

（2）计算综合指标的辅助特征。

辅助特征指分部分项差异项。

计算流程图（见图 3 - 27）：

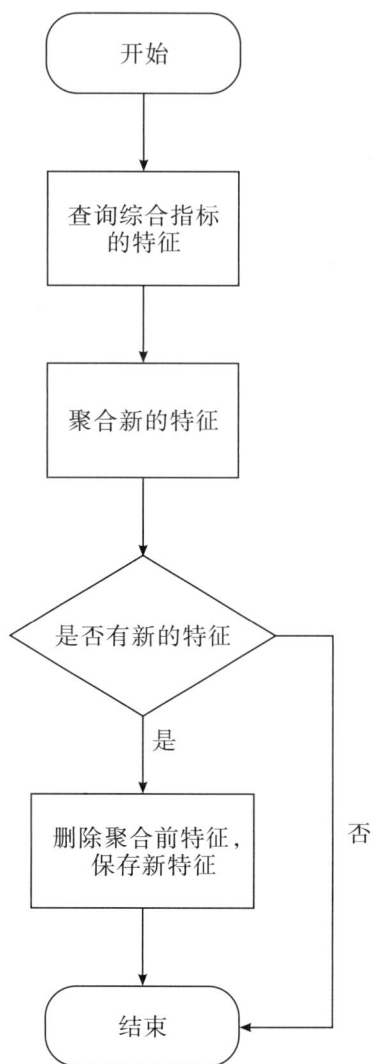

图 3 - 27 综合指标辅助特征计算流程

①输入类族 ID；

②查找所有样本列表；

③计算每个样本上一级分部分项；

④根据样本 ID 从"项目占比表"中查找下一级分部分项列表；

⑤合并为样本的当前分部分项列表；

⑥去掉所有样本交集特征，剩下的就是辅助特征；

⑦回写综合指标特征表。

3. 计算下级开项指标

计算公式：下级开项指标 = 下级开项工程量/车站主体工程量，计算结果如表3-5所示。

表3-5 下级开项指标计算

项目名称	合计	工程量	下级开项	下级开项合计	下级开项工程量	占比	每平方米用量
A站	83752754.63	9525.90	围护结构	34058594.70	9838.54	41%	1.0328
A站	83752754.63	9525.90	主体结构	34845904.61	16762.03	42%	1.7596
A站	83752754.63	9525.90	土石方	14848255.32	82508.64	18%	8.6615
B站	67062541.44	5474.00	围护结构	14023314.66	44911.41	21%	8.2045
B站	67062541.44	5474.00	主体结构	28251631.48	13490.80	42%	2.4645
B站	67062541.44	5474.00	土石方	24787595.30	68358.10	37%	12.4878

4. *X*轴和*Y*轴计算

计算当前分部总金额占一级分部金额比例，计算当前分部分项工程量占一级工程量的比例，计算流程图如图3-28所示。

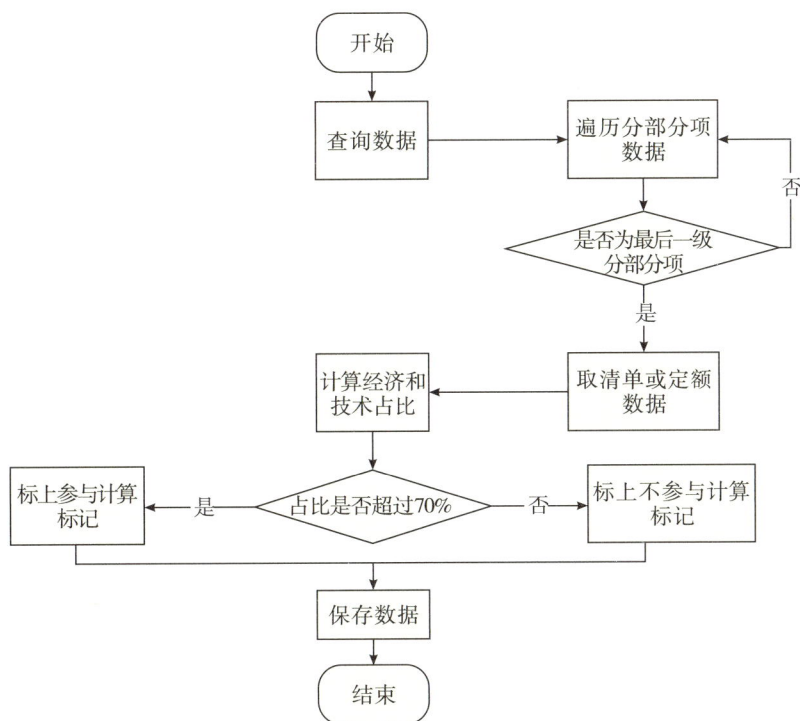

图3-28 计算流程图

①输入预处理库项目 ID；

②根据分部分项列表及最后一级的清单或定额列表内容查询；

③遍历分部分项列表；

④如果是最后一层则取清单或定额列表；

⑤计算经济占比；

⑥计算技术占比；

⑦根据占比情况标上"是否参与计算"标志；

⑧回写占比数据表。

相关规则如表 3-6 所示。

表 3-6　计算规则

规则 1	当前分项经济占比 = 当前分项总金额/上一级分部总金额
规则 2	当前分项技术占比 = 当前分项工程量/上一级分部工程量
规则 3	按照占比从大到小排序，取加起来超过 70% 的数据

项目占比计算模型如图 3-29 所示。

项目占比（Project Percent）		
ID	Int	\<PK\>
占比类型	int	
预处理分部ID	int	
预处理分部名称	varchar(100)	
预处理分部编码	varchar(100)	
预处理下级类型	int	
预处理下级ID	int	
预处理下级名称	varchar(100)	
预处理下级编码	varchar(100)	
占比	numeric(18,4)	
是否参与计算	int	

图 3-29　项目占比计算模型

X 轴 = 围护结构经济占比：主体结构经济占比：土石方经济占比。

Y 轴 = 围护结构平方用量：主体结构平方用量：土石方平方用量。

5．投射二维平面

投射二维平面如图 3 - 30 所示。

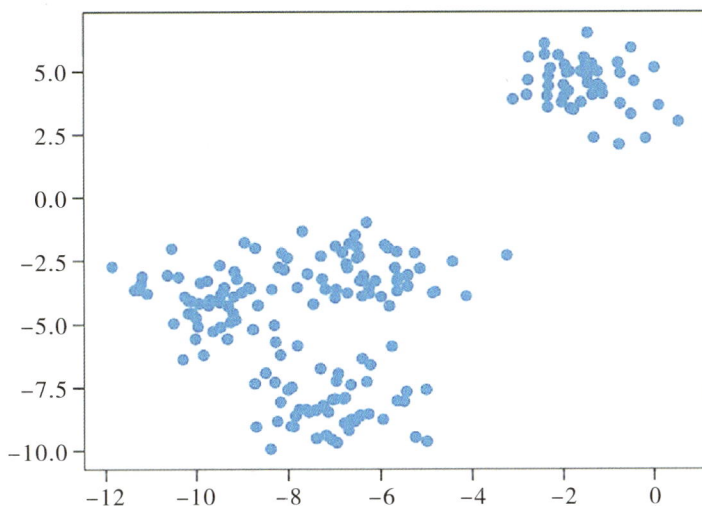

图 3 - 30　计算结果投射二维平面

6．输出指标类群

输出指标类群如表 3 - 7 所示。

表 3 - 7　输出指标类群

聚类标记	项目名称	车站主体	车站主体合价	工程量	单位	X 轴	Y 轴
01	A 站	明挖地下车站	83752754.63	9525.90	m^2	5.4233	0.0678
	B 站	明挖地下车站	311116516.60	45377.78	m^2	4.4474	0.0402
	C 站	明挖地下车站	81354504.49	8782.00	m^2	4.2105	0.0613
	D 站	明挖地下车站	185008052.60	20836.86	m^2	5.9259	0.0764
	E 站	明挖地下车站	85541739.06	9216.00	m^2	5.2778	0.0520
	F 站	明挖地下车站	84853447.54	9131.14	m^2	4.9202	0.0532
	G 站	明挖地下车站	101924535.00	11307.60	m^2	5.0388	0.0665
	H 站	明挖地下车站	112289151.40	12324.04	m^2	4.1463	0.0638
02	I 站	明挖地下车站	67062541.44	5474.00	m^2	1.1290	0.2666

7. 类群特征

类群特征如表 3 - 8 所示。

表 3 - 8 类群特征

聚类标记	车站主体	单位	特征
01	明挖地下车站	m²	施工工法：明挖；地质：花岗岩；围护结构形式：地下连续墙；支撑方式：混凝土支撑
	明挖地下车站	m²	施工工法：明挖；地质：红层；围护结构形式：地下连续墙；支撑方式：混凝土支撑，钢支撑；建筑物保护：是
	明挖地下车站	m²	施工工法：明挖；地质：花岗岩；围护结构形式：地下连续墙；支撑方式：混凝土支撑，钢支撑
	明挖地下车站	m²	施工工法：明挖；地质：花岗岩；围护结构形式：地下连续墙；支撑方式：混凝土支撑，钢支撑
	明挖地下车站	m²	施工工法：明挖；地质：花岗岩；围护结构形式：地下连续墙；支撑方式：混凝土支撑，钢支撑
	明挖地下车站	m²	施工工法：明挖；地质：花岗岩；围护结构形式：地下连续墙；支撑方式：混凝土支撑，钢支撑
	明挖地下车站	m²	施工工法：明挖；地质：花岗岩；围护结构形式：地下连续墙；支撑方式：混凝土支撑，钢支撑
	明挖地下车站	m²	施工工法：明挖；地质：花岗岩；围护结构形式：地下连续墙；支撑方式：混凝土支撑，钢支撑；地基加固：是
02	明挖地下车站	m²	施工工法：明挖；地质：红层；围护结构形式：地下连续墙，钻孔（排）桩，锚索及土钉墙；支撑方式：混凝土支撑，钢支撑

8. 指标输出

指标输出如表 3 - 9 所示。

表 3 - 9 指标输出

聚类标记	单个指标	综合指标	指标特征
01	—	—	施工工法：明挖；地质：花岗岩；围护结构形式：地下连续墙；支撑方式：混凝土支撑，钢支撑；地基加固：是；建筑物保护：是

（续上表）

聚类标记	单个指标	综合指标	指标特征
02	—	—	施工工法：明挖；地质：红层；围护结构形式：地下连续墙，钻孔（排）桩，锚索及土钉墙；支撑方式：混凝土支撑，钢支撑

9. 应用场景

指标预警模型计算。车站预警设置如图 3 - 31 所示。

图 3 - 31 车站预警设置

不管哪种类型的指标，其数据分析结果不代表工程全部客观信息，受限于政策、非数据化要素等信息遗漏的可能性，指标成果仍不能完全用于造价确定，但可作为造价/投资控制的参考。

〔六〕 指标多维分析技术模型研究

过去，各工程类型、各阶段造价数据分散在各个部门，需要分析各个阶段造价数据指标，需要经历以下几个步骤：

（1）数据收集：在确定需要分析造价数据及指标后，从各个经办部门把数据收集起来，或者到档案室查找相关资料。收集回来的数据，大部分是 Excel 表格数据；历史稍微久远的，还是纸质文档数据。

（2）数据整理：首先人工把纸质文档资料转换成电子文档，然后从电子文档的造价数据中，提取出需要分析的指标数据及相关内容，并需要进行大量的人工校核，遇到不是自己经办的项目，还需要咨询原文档编制人员，如若编制人员不在岗，该部分信息也就永久丢失。

（3）指标计算：因为没有系统化地计算，只能人工对指标进行逐个计算，还需要反复核对校验，并人工把指标影响特征从大量的相关文档中抠出，再整理成指标样本。

（4）指标分析：在完成所有基础数据的收集、整理之后，此时或许已经过去了两三个月，数量庞大的情况下，或许过去了半年之久。最后在进行指标分析时，大多只能从单一纬度去分析，比如分析站间距对线路指标的影响，或者车站地质对车站指标的影响，只能对因素进行逐个分析。同样需要反复地修正分析的结果，才能得到想要的结果。

现在，通过平台指标多维分析技术可以实现：

（1）指标分析类型多样化：可以快速实现宏观指标到微观指标的分析，包含线路指标、专业指标、单位工程指标、分部工程指标、分项工程指标。

（2）特定技术条件的指标分析：可以通过建立指标特征体系，快速从历史指标中抽取符合特定技术条件的指标，如分析车站指标时，想快速分析特征是"规划期①：三期、敷设方式：地下车站、车站地质：红层、施工工法：明挖、层数：2 层、围护结构形式：地下连续墙、车辆编制：6B"的样本，则可以通过特征筛选，快速把符合条件的指标样本从系统中提取出来。

（3）分析算法多样化：

①多样化的分析算法，如平均偏差率、正态分布、单线性回归、多重线性回归、非线性回归。

②复合关系分析，既可以分析一个特征与指标的关系，也可以分析多个特征与指标的关系。

③算法多重运算，如指标拟合分析，先用正态分布或者平均偏差率分析出合理范围指标样本，再进行综合指标计算，得到指定特征下指标趋势分析。

④分析结果植入：分析指标特征与指标的关系，将其应用到系统其他场景，如可以将多重线性回归分析的指标权重结果应用到指标维护功能、指标特征优先级、指标预警模型设置等场景。

综上所述，利用系统建立一套指标分析体系，可以做到一次性处理历史数据，自动计算原始指标，自动提取、关联指标特征，根据技术特征灵活筛选指标样本，固定化分析模型，多场景植入使用分析成果，溯源分析样本等一系列的操作。

1. 分析论证过程

若要搭建基础指标，我们需要分析已有指标数据的变化规律及影响因素。基于数据本身体现的信息，并借助大数据技术统计、计算、图表的形式对数据进行研究，最后根据数

---

① 规划期指地方政府报国家城市轨道交通建设规划的批次，如第一期建设规划（简称一期）、第一期建设规划调整（简称一期调整）、第二期建设规划（简称二期）等。

据不同差异及分布情况，采用平均偏差率、多重线性回归、单线性回归、非线性回归4种算法，从不同的角度对数据进行分析。

（1）原始指标数据。

以表3-10"10条线路特征数据"为例，可见不同特征下的车站指标偏差较大，需要进一步研究不同特征对指标的影响。

表3-10　10条线路特征表

项目名称	单位	车站埋深	线间距	层数	车辆编组	地质	规划期	站台形式	围护结构形式	施工工法
A站	m²	14.2	13.4	2	6B	红层	一期调整	岛式	地下连续墙	明挖
B站	m²	14.69	14.2	2	6B	花岗岩	一期调整	岛式	地下连续墙	明挖
C站	m²	22.05	19.8	3	6B	花岗岩	一期调整	岛式	钻孔桩	明挖
D站	m²	17.22	13.4	2	6B	花岗岩	一期调整	岛式	锚索及土钉墙	明挖
E站	m²	10.288	15.2	3	6A	红层	一期	岛式	钻孔桩	明挖
F站	m²	3.17	4.8	1	6A	灰岩	一期	侧式	钻孔桩	明挖
G站	m²	8.56	4.8	1	6A	灰岩	一期	侧式	钻孔桩	明挖
H站	m²	5.88	4.8	1	6A	灰岩	一期	侧式	钻孔桩	明挖
I站	m²	4.4	5	1	6A	灰岩	一期	侧式	钻孔桩	明挖
J站	m²	4.12	16	2	6A	灰岩	一期	一岛一侧	钻孔桩	明挖

（2）单一特征对指标的影响数据分析。

①地质对指标的影响。

不同地质下的指标没有明显的差异，而花岗岩地质的指标居高，如表3-11所示。

表3-11　地质影响

施工工法	层数	地质	车辆编组	站台形式	围护结构形式
明挖	2	红层	6B	岛式	地下连续墙
明挖	2	红层	6B	岛式	地下连续墙
明挖	2	红层	6B	岛式	地下连续墙
明挖	2	红层	6B	岛式	地下连续墙
明挖	2	红层	6B	岛式	地下连续墙

（续上表）

施工工法	层数	地质	车辆编组	站台形式	围护结构形式
明挖	2	红层	6B	岛式	地下连续墙
明挖	2	红层	6B	岛式	地下连续墙
明挖	2	花岗岩	6B	岛式	地下连续墙
明挖	2	花岗岩	6B	岛式	地下连续墙
明挖	2	花岗岩	6B	岛式	地下连续墙
明挖	2	花岗岩	6B	岛式	地下连续墙
明挖	2	花岗岩	6B	岛式	地下连续墙
明挖	2	花岗岩	6B	岛式	地下连续墙
明挖	2	花岗岩	6B	岛式	地下连续墙
明挖	2	花岗岩	6B	岛式	地下连续墙
明挖	2	灰岩	6B	岛式	地下连续墙
明挖	2	灰岩	6B	岛式	地下连续墙
明挖	2	灰岩	6B	岛式	地下连续墙
明挖	2	灰岩	6B	岛式	地下连续墙
明挖	2	灰岩	6B	岛式	地下连续墙

②围护结构形式对指标的影响。

不同围护结构形式下的指标没有明显的差异，其中围护结构形式为地下连续墙的指标较为稳定，如表3-12所示。

表3-12　围护结构形式影响

施工工法	层数	地质	车辆编组	站台形式	围护结构形式
明挖	2	红层	6B	岛式	地下连续墙
明挖	2	红层	6B	岛式	地下连续墙
明挖	2	红层	6B	岛式	地下连续墙
明挖	2	红层	6B	岛式	地下连续墙
明挖	2	红层	6B	岛式	地下连续墙

（续上表）

施工工法	层数	地质	车辆编组	站台形式	围护结构形式
明挖	2	红层	8A	岛式	地下连续墙
明挖	2	红层	8A	岛式	地下连续墙
明挖	2	红层	6A	岛式	地下连续墙
明挖	2	红层	4B	岛式	地下连续墙
明挖	2	红层	6B	岛式	地下连续墙
明挖	2	红层	6B	岛式	地下连续墙
明挖	2	红层	6B	岛式	地下连续墙
明挖	2	红层	6B	岛式	地下连续墙
明挖	2	红层	8A	双岛式	锚索及土钉墙
明挖	2	红层	8A	双岛式	锚索及土钉墙
明挖	2	红层	6A	侧式	钻孔（排）桩
明挖	2	红层	6A	岛式	钻孔（排）桩
明挖	2	红层	6A	一岛两侧	钻孔（排）桩
明挖	2	红层	6A	一岛一侧	钻孔（排）桩
明挖	2	红层	4B	岛式	钻孔（排）桩
明挖	2	红层	4B	岛式	钻孔（排）桩
明挖	2	红层	4B	岛式	钻孔（排）桩
明挖	2	红层	4B	岛式	钻孔（排）桩
明挖	2	红层	4B	岛式	钻孔（排）桩
明挖	2	红层	4B	岛式	钻孔（排）桩
明挖	2	红层	4B	岛式	钻孔（排）桩
明挖	2	红层	4B	岛式	钻孔（排）桩

③施工工法对指标的影响。

不同施工工法下的指标没有明显的差异，很难分析出指标的规律，如表 3 - 13 所示。

表 3 - 13   施工工法影响

施工工法	层数	地质	车辆编组	站台形式	围护结构形式
暗挖	5	红层	8A	岛式	地下连续墙
暗挖	5	红层	8A	岛式	地下连续墙
盖挖	6	红层	8A	岛式	地下连续墙
明挖	3	红层	8A	岛式	地下连续墙
明挖	2	红层	8A	岛式	地下连续墙
明挖	2	红层	8A	岛式	地下连续墙
明挖	3	红层	8A	岛式	地下连续墙
明挖	3	红层	8A	岛式	地下连续墙
明挖	3	红层	8A	岛式	地下连续墙
明挖	3	红层	8A	岛式	地下连续墙
明挖	4	红层	8A	岛式	地下连续墙
明挖	4	红层	8A	岛式	地下连续墙
明挖	4	红层	8A	岛式	地下连续墙

综上所述，如果仅从数据上看，我们很难发现指标的规律及影响指标的特征因素，因此我们需要借助计算、统计、图表的方式来辅助分析，发现指标的规律。我们首先对同一特征下的指标求均值，并用图表的形式展现其变化规律。

（3）图表及平均值分析规律研究。

①不同规划期下，不同地质指标的变化情况（见表 3 - 14，表格为实验数据）。

表 3 - 14   不同规划期不同地质指标变化

指标特征	红层	灰岩	花岗岩	软土	平均增长比
A 期指标均值	80	76	74		- 2.35%
A 期调整指标均值	83	97	88		1.72%
B 期指标均值	91	91	95		1.45%
C 期指标均值	132	113	120	112	- 3.95%
均值	97	94	94	112	3.88%

②相同工法下，不同规划期指标的变化（见表 3 – 15、图 3 – 32）。

表 3 – 15　相同工法不同规划期指标变化

指标特征	A 期指标均值	A 期调整指标均值	B 期指标均值	C 期指标均值
红层（全网均值）	80	83	91	132

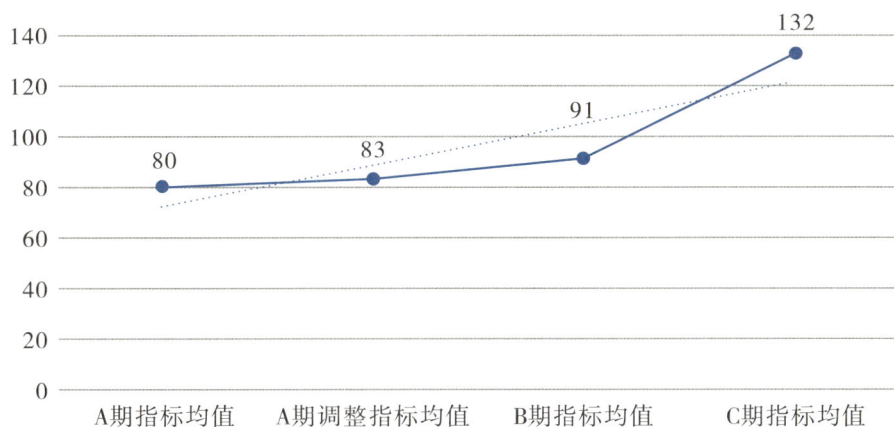

图 3 – 32　系统全网均值规划期变化图

③相同规划期下，不同车站埋深指标的变化（见表 3 – 16、图 3 – 33）。

表 3 – 16　相同规划期不同车站埋深指标变化

车站埋深	0 ~ 10	10 ~ 20	20 ~ 30	30 ~ 40	平均增长比
规划期	—	—	—	—	4.49%

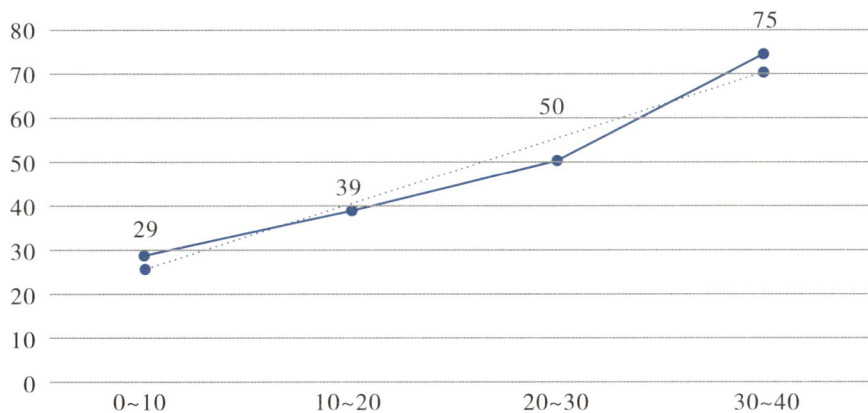

图 3 – 33　车站埋深指标变化图

我们从数据及图表可以看出，部分特征对指标的影响呈规律递增或递减，但部分呈现无规律。

（4）不同的算法对数据的分析。

基于指标数据的分布及不同特征下指标的变化情况，我们从数据统计分析的层面，采用不同的算法对数据进行统计，以发现一些规律，提取数据的价值。

①平均偏差率。

通过平均偏差率公式，选定一组指标（见"分析特征"）计算出平均偏差率，分析出该组指标平均波动值的合理范围，了解指标在该组指标中什么范围内是合理指标。

分析特征：专业——车站；阶段——概算；规划期——三期；指标类型——原始指标；指标子类型——单位工程；敷设方式——地下车站。

分析结果如图 3 - 34 所示。

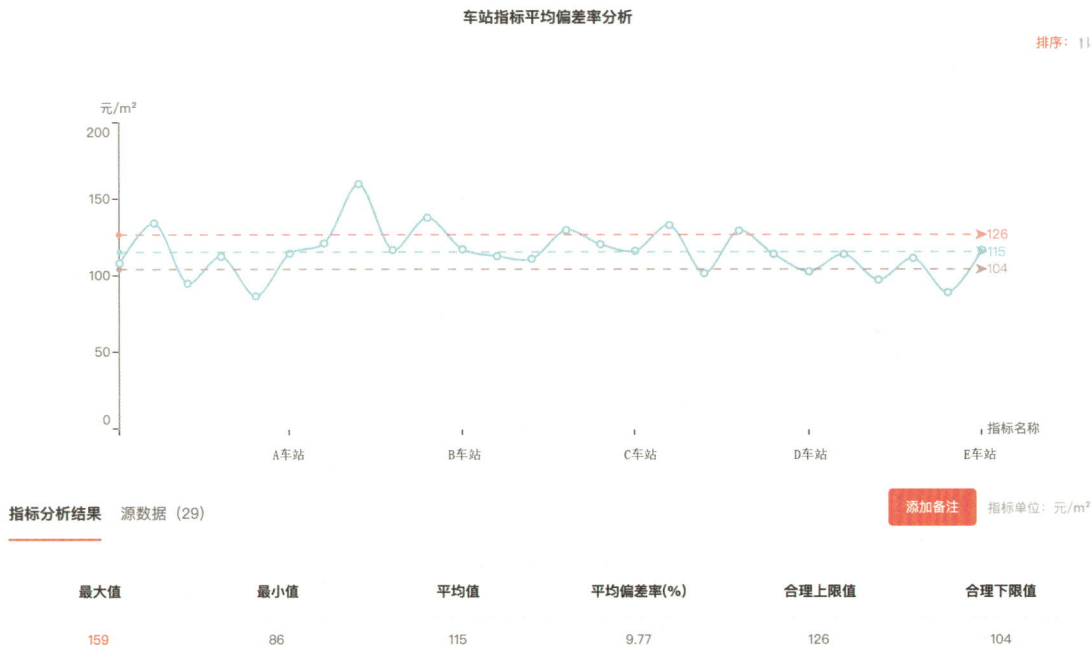

图 3 - 34　平均偏差率分析

最大值	最小值	平均值	平均偏差率(%)	合理上限值	合理下限值
159	86	115	9.77	126	104

分析说明：

A. 该组指标的平均值为 115 元/m²，平均偏差率为 9.77%；

B. 通过平均偏差率计算得到，合理区间值为 104 ~ 126 元/m²，其中在合理范围内指标有 14 个，占 54%；

②多重线性回归。

通过多重线性回归算法，分析各（技术）特征对造价指标的影响权重。

分析特征：主体建筑面积、车站埋深、车站宽度、车站长度、层数。

分析结果如图 3 – 35 所示。

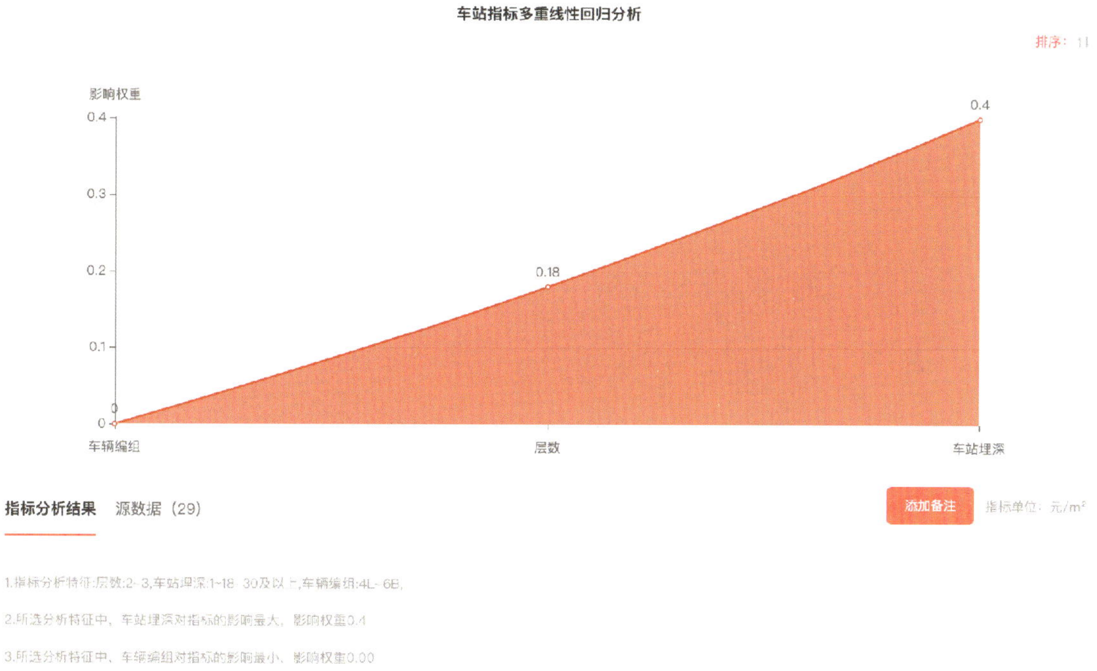

图 3 – 35　多重线性回归分析

分析说明：

A. 指标分析特征（选取数据样本的范围）：层数：1 ~ 6，车站宽度：9. 15 ~ 11 米，车站长度：107. 3 ~ 870. 1 米，主体建筑面积：9837. 8 ~ 10042 平方米，车站埋深：0. 83 ~ 9. 33 米。

B. 所选分析特征中，车站埋深对指标的影响最大，影响权重 0. 4。

C. 所选分析特征中，车站编组对指标的影响最小，影响权重 0. 00。

D. 所有特征与指标均为正相关，即特征值越大，指标值越大。

③单线性回归。

用线性回归函数，分析某一技术特征与指标是否存在线性关系。如果存在线性关系，则可以测算出该技术特征值每增加一个单位指标对应的变化系数。

分析特征：车站埋深。

分析结果如图 3 – 36 所示。

车站指标单线性回归分析

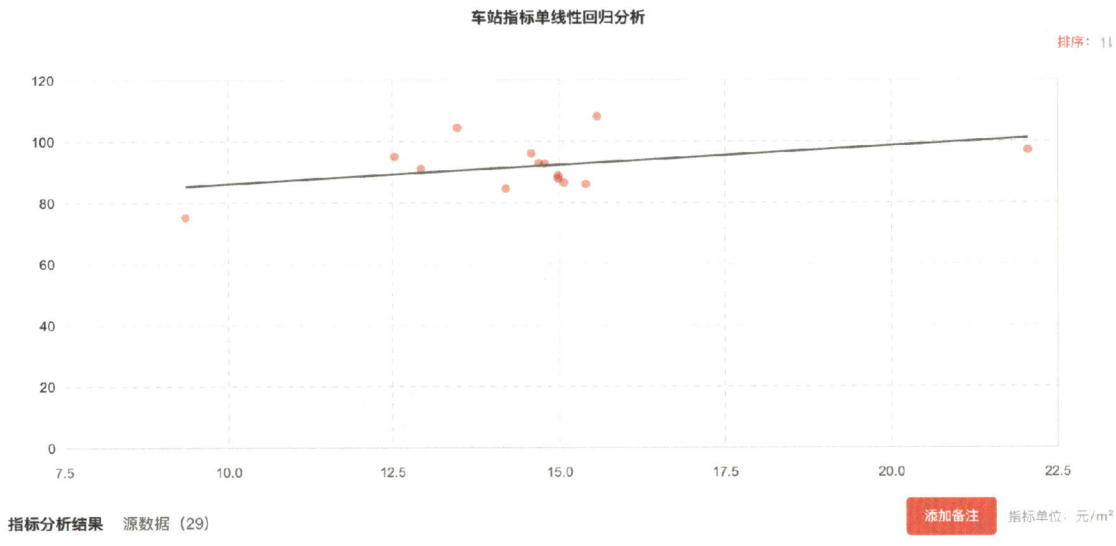

指标分析结果　源数据（29）

添加备注　　指标单位：元/m²

1.指标分析特征:车站埋深:1-18-30及以上,

2.车站埋深与指标不是线性关系

3.说明：为了指标分析样本完整性,将单延长米指标转换为双延长米指标参与计算

图 3 – 36　单线性回归分析

分析说明：

指标分析特征：车站埋深：0.83～9.33 米，车站埋深与指标不是线性关系。

④非线性回归。

用非线性回归函数，分析某一技术特征与指标的拟合关系，分析该技术特征的不同取值与指标的对应关系。

分析特征：层数。

分析结果如图 3 – 37 所示。

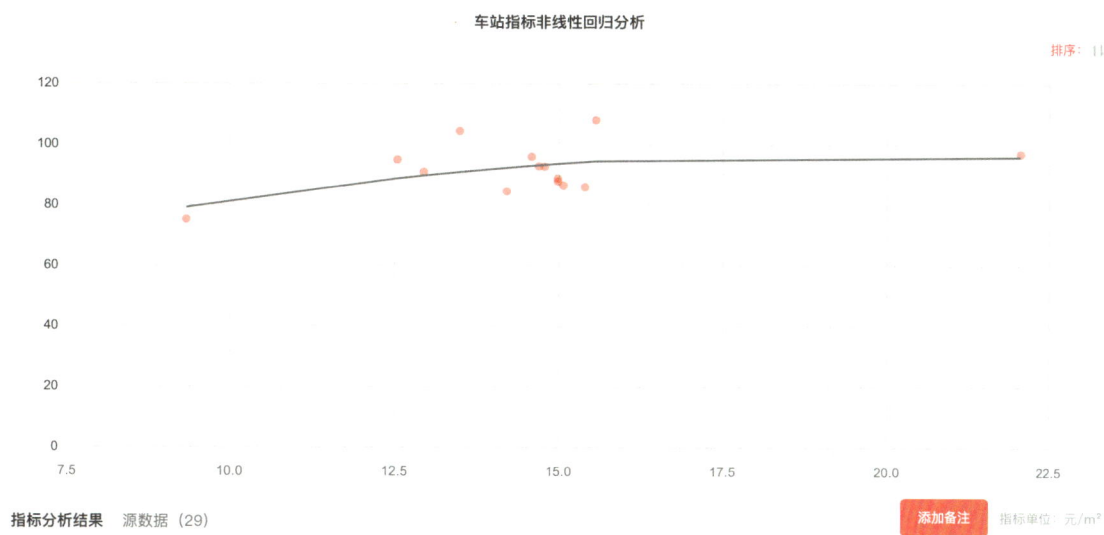

图 3 – 37 非线性回归分析

分析说明：

不同层数的指标集中分布在 90 元/m² 左右。

（5）不同算法模型对样本的处理分析。

分析对象：概算车站的单位工程指标。

分析特征：地下车站、车站层数等车站相关特征及特征值。

不同算法表现如表 3 – 17 所示。

表 3 – 17　不同算法表现

模型	连续无交互	连续有交互	离散有交互	离散无交互	CZT	平均表现
决策树	684	777	772	697	682	722.4
线性回归	485	490	490	485	524	494.8
SVM	538	538	538	538	607	551.8
KNN	666	708	666	579	460	615.8
随机森林	490	598	652	601	404	549
AdaBoost	627	617	609	612	375	568
Gbrt	565	572	554	569	379	527.8
Bagging	650	699	632	627	358	593.2
ExtraTree	562	772	704	586	441	613
lgb	493	499	493	490	453	485.6
平均表现	576	627	611	578.4	468.3	

（6）指标拟合分析。

分析对象：以三期规划期下概算车站的单位工程指标为例。

分析特征：地下车站、车站层数。

分析算法：原数据算术平均值、合理范围内算术平均值（剔除特殊项）、正态分布[1]（剔除特殊项）。

分析目的：实现不同分析算法中，同一规划期下的车站层数对地下车站造价指标的影响和算法差异分析。

分析过程：

①原始数据的算术平均值趋势（见图3-38）与样本分布情况（见图3-39）。

A期层数指标—原始数据算术平均值（试验虚化数值）

图3-38　不同层数指标趋势

车站指标单线性回归分析

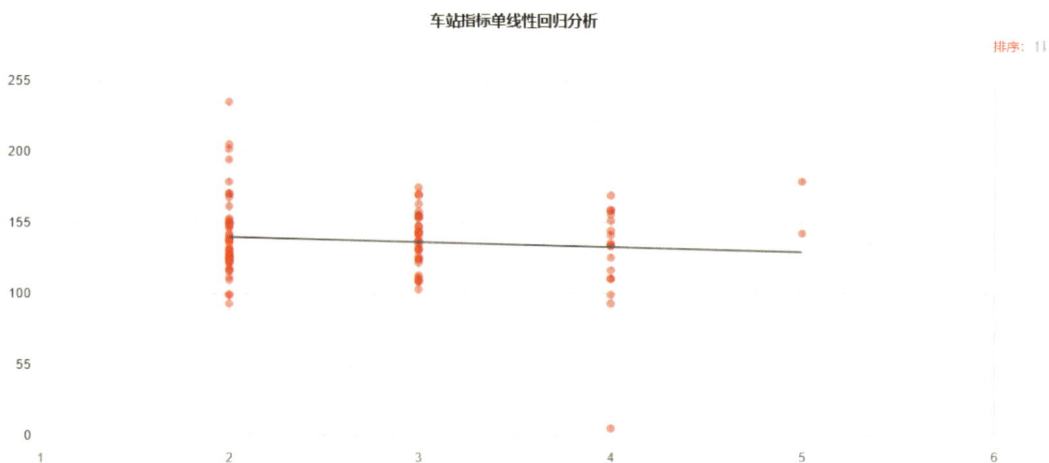

图3-39　不同层数项目样本分布

———————————

① 计算方式说明：正态分布值筛选样本不足10个，就无法进行正态分布算法计算。

②剔除特殊项后算术平均值趋势（见图 3 – 40）。

A期层数指标—剔除差异项平均值(试验虚化数值)

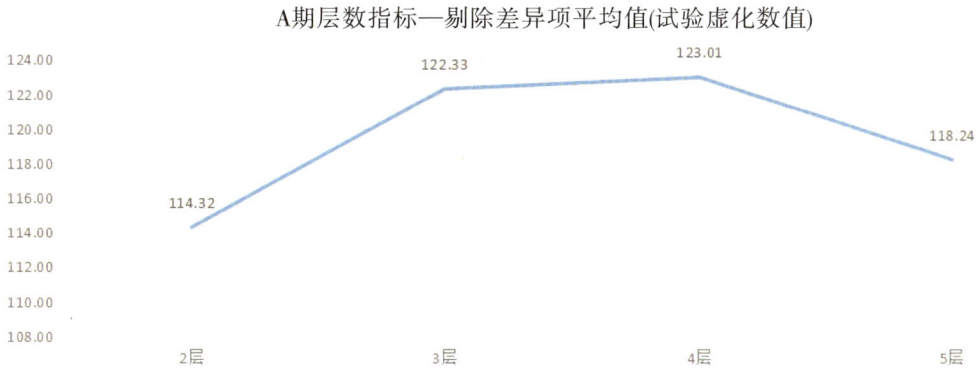

图 3 – 40　剔除特殊项不同层数指标趋势

③剔除特殊项后正态分布值趋势（见图 3 – 41）。

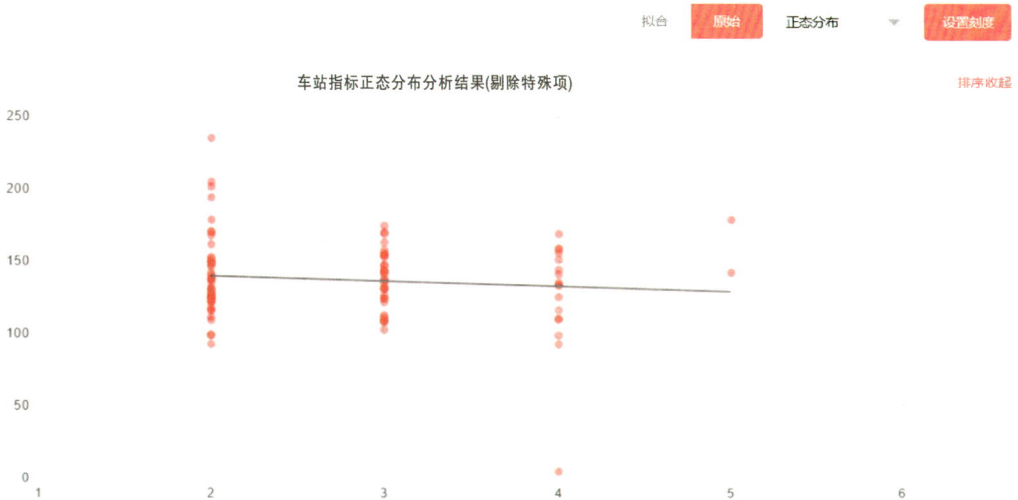

图 3 – 41　剔除特殊项不同层数指标正态分布值

④分析说明（见表3-18）。

表3-18　不同计算方式分析结果

计算方式	2层	3层	4层	5层
正态分布	113.27	119.10	116.31	138.81
合理范围内算术平均	114.32	122.33	123.01	118.24
算术平均	120.93	129.53	133.12	128.21

A. 算术平均值、合理范围内算术平均值、正态分布值，这三种算法的计算结果水平变化趋势基本一致；

B. 三种算法中，算术平均值的指标普遍最高，正态分布值指标普遍最低；

C. 从正态分布的趋势分析来看，5层指标最高，2层指标最低，指标差异率为22.55%；

D. 从平均偏差率合理范围内算术平均值的趋势分析来看，4层指标最高，2层指标最低，指标差异率为7.60%；

E. 从算术平均值的趋势分析来看，4层指标最高，2层指标最低，指标差异率为10.08%；

F. 平均偏差率合理范围内算术平均值与算术平均值差异最大的是4层，差异率为-7.59%；

G. 正态分布与算术平均值差异最大的是4层，差异率为-12.63%；

H. 正态分布与平均偏差率合理范围内算术平均值差异最大的是5层，差异率为-17.40%。

指标拟合分析总结：

利用指标拟合分析，可以分析某一技术特征在区分规划期下，于不同算法间的平均偏差率，以及算出它的最大差异率；也可以分析在同一规划期下，不同算法之间的平均偏差率，以此得到更合理的技术特征对指标的影响趋势结果。

2. 指标分析流程

深度分析指标关联特征，对有规律的进行建模分析，对无规律的进行图表展示。流程如图3-42所示。

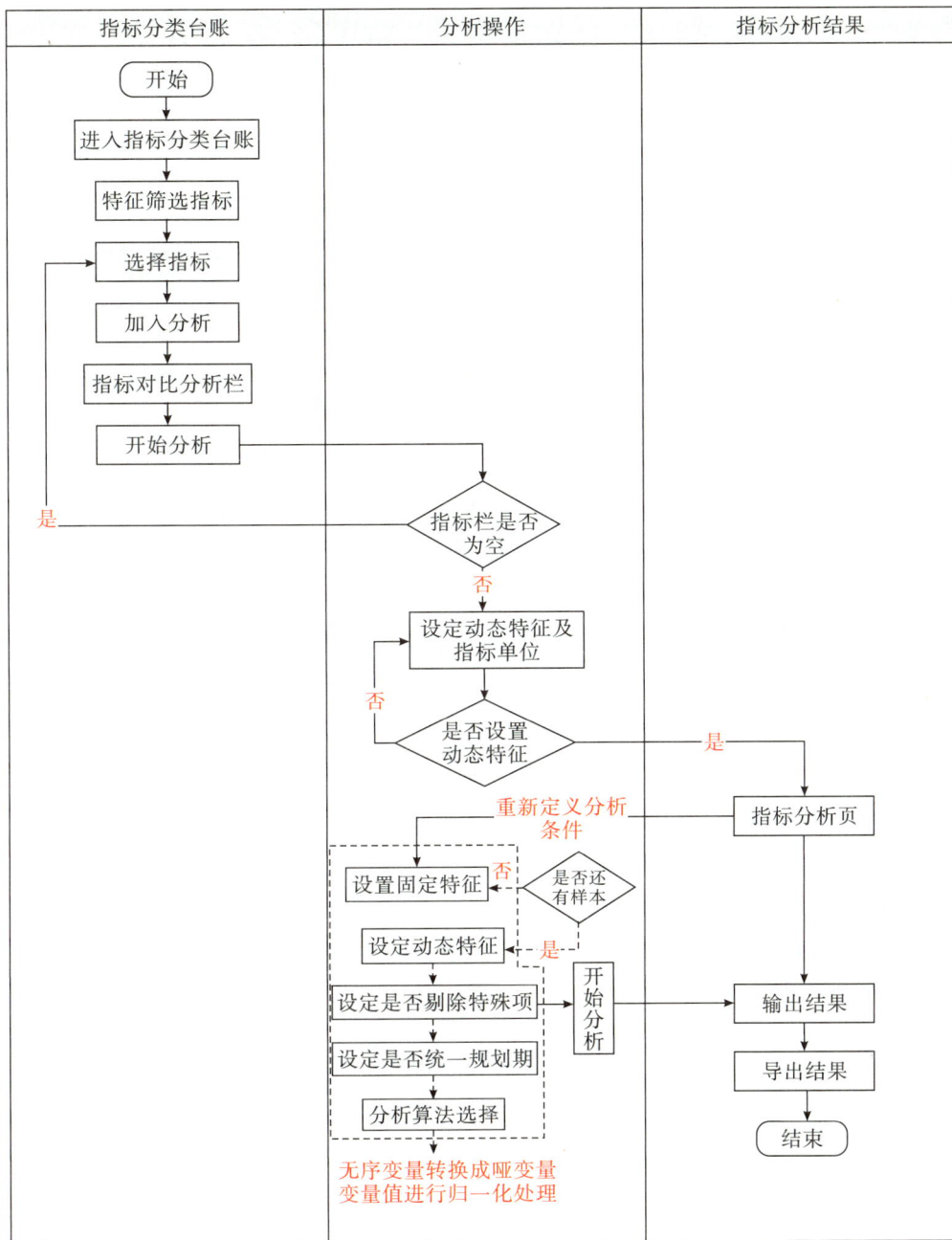

有规律的判断标准：能否形成线性关系

图 3 – 42　多维分析指标关联的流程

详细步骤：

（1）选择指标分析前置条件。

①分析范围：指标库所有指标。

②分析条件：分析的指标必须是相同类型的，如车站单位工程指标不能和车站主体指

标一起分析。

③分析的指标必须单位一致，如果选择的单位不一致，则必须选择相同单位进行分析。

（2）选择指标分析样本数据。

①在指标分类台账勾选需要加入分析的指标样本。

②勾选的指标需要满足：同阶段、同专业、同类型（单位工程、分部分项）、同单位，可以参照指标计算判断。

（3）选择指标分析算法（见图3-43）。

图 3-43 指标分析算法

①选择分析算法。

A. 分析算法包含"平均偏差率、单线性回归、多重线性回归、非线性回归"。

B. 采用单线性回归和多重线性回归分析时，将无序变量转化为哑变量，并对所有分析的变量做归一化处理，再进行数据分析。

②各算法计算公式。

A. 单线性回归。

B. 多重线性回归。

C. 平均偏差率：

$$A.D. = (\sum |Y_b - \beta|)/n$$

$A.D.$ 表示平均偏差率；

Y_b 表示单个样本指标；

β 表示当前指标平均指标；

n 表示参与计算的指标样本数量。

（4）展示指标分析图形。

①单线性回归：X 轴为分析特征，Y 轴为指标值（见图3-44）。

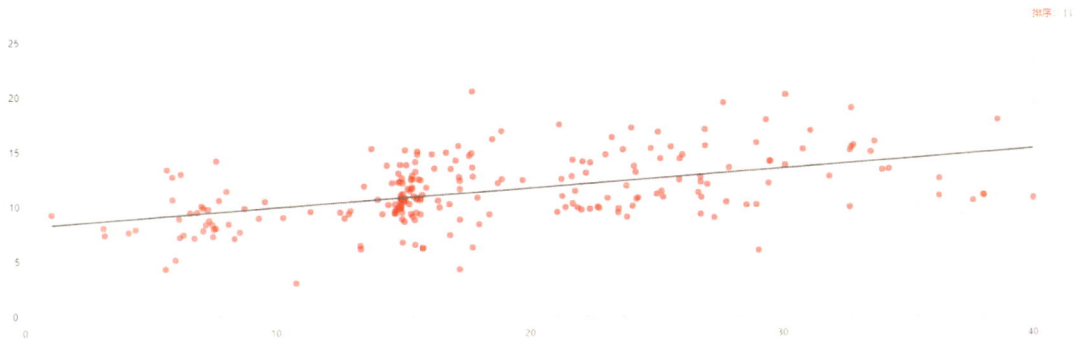

图 3 - 44　单线性回归分析

②多重线性回归：X 轴为分析变量，Y 轴为指标值（见图 3 - 45）。

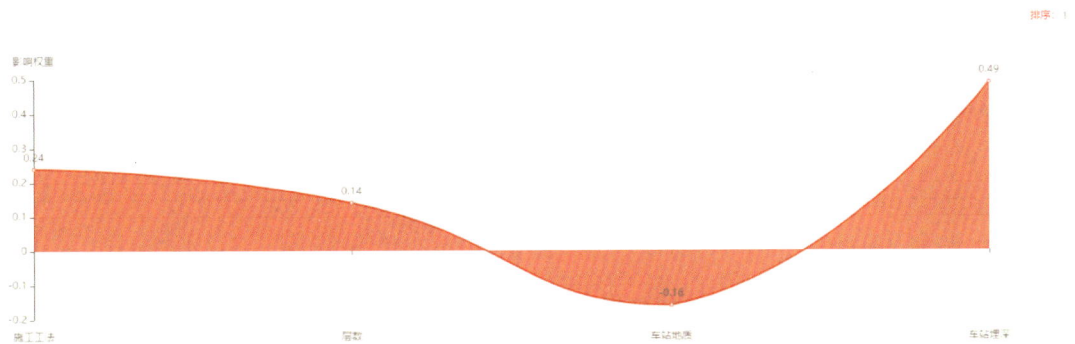

图 3 - 45　多重线性回归分析

③平均偏差率：X 轴为指标样本名称，Y 轴为指标值（见图 3 - 46）。

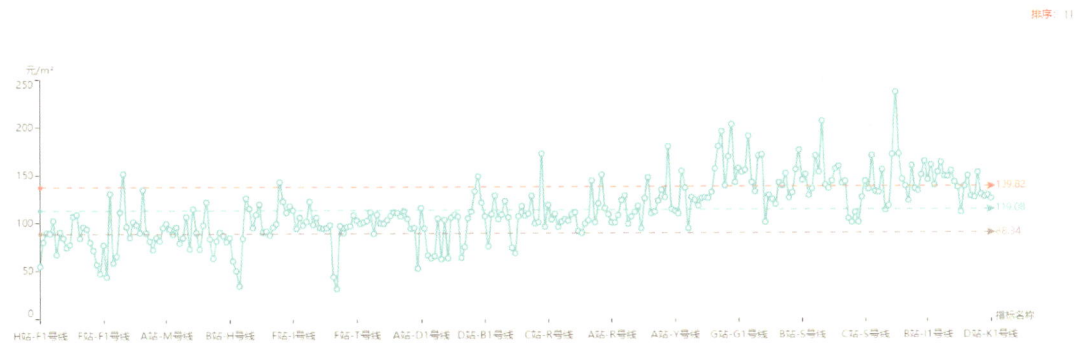

图 3 - 46　平均偏差率分析

④非线性回归：X轴为指标特征，Y轴为指标值。

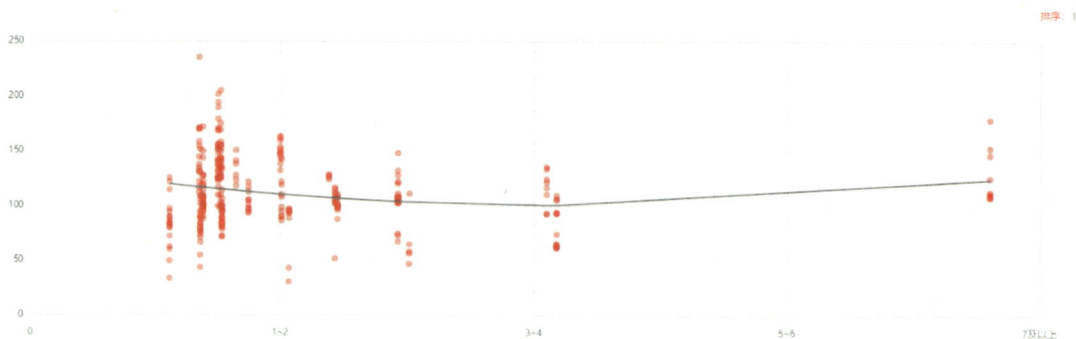

图3-47 非线性回归分析

（5）指标拟合分析过程。

在【指标应用分析】功能，选择【指标分析】后，筛选指标"车站—概算—三期—原数据指标—单位工程—地下车站—m²"，如图3-48所示。

图3-48 指标拟合分析—样本数据筛选

指标分析步骤：

第一步：选择分析算法为【拟合分析】（见图 3 - 49）；

选择分析算法

平均偏差率	单线性回归	多重线性回归
非线性回归	拟合分析	

图 3 - 49　选择拟合分析算法

第二步：设置分析条件，从当前有值的指标条件中进行选择，每次分析只能选择一个指标特征，如"车站宽度"指标（见图 3 - 50）；

选择分析特征　　　　　　　　　　　　　　　　　　　　×

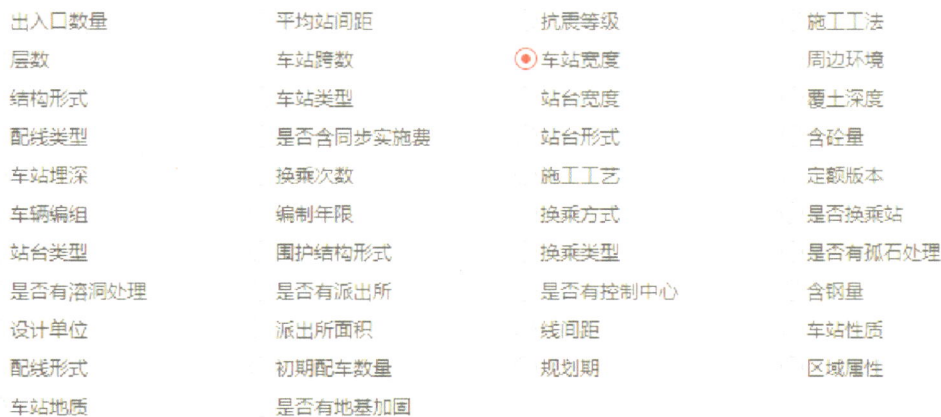

出入口数量	平均站间距	抗震等级	施工工法
层数	车站跨数	⊙ 车站宽度	周边环境
结构形式	车站类型	站台宽度	覆土深度
配线类型	是否含同步实施费	站台形式	含砼量
车站埋深	换乘次数	施工工艺	定额版本
车辆编组	编制年限	换乘方式	是否换乘站
站台类型	围护结构形式	换乘类型	是否有孤石处理
是否有溶洞处理	是否有派出所	是否有控制中心	含钢量
设计单位	派出所面积	线间距	车站性质
配线形式	初期配车数量	规划期	区域属性
车站地质	是否有地基加固		

确定　　**取消**

图 3 - 50　设置分析条件

第三步：设置需要分析的指标是否要剔除特殊项、统一编制期，默认都为"否"（见图 3 - 51），如选择了"是"，则根据默认设置进行剔除特殊项以及统一编制期，目前可以统一编制期的指标有概算阶段线路指标、专业指标、单位工程指标；

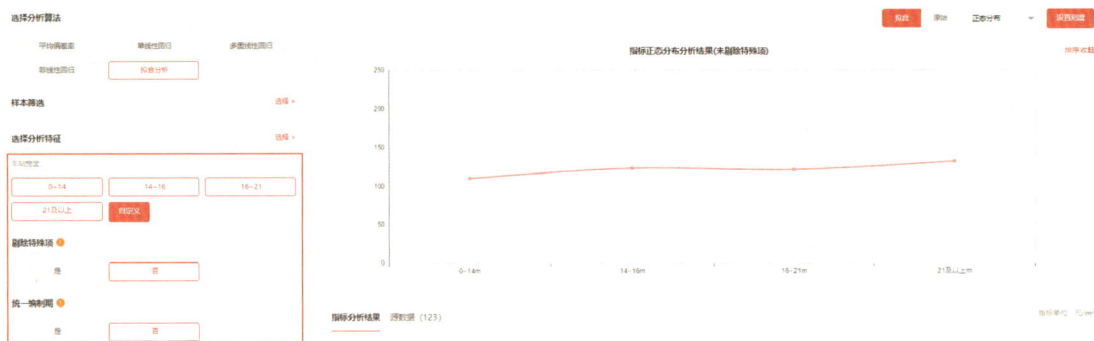

图 3 - 51　设置合理范围

第四步：进行指标"拟合分析"，如图 3 - 52 所示；

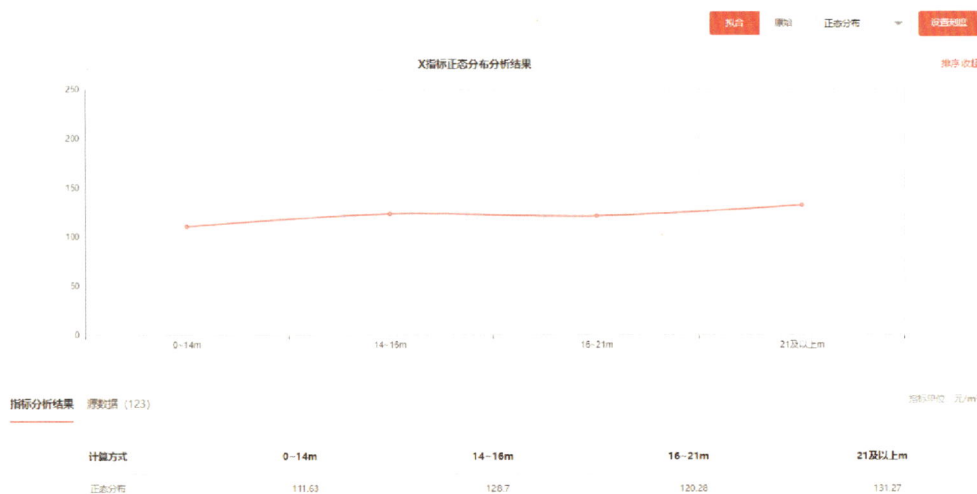

计算方式	0~14m	14~16m	16~21m	21及以上m
正态分布	111.63	126.7	120.28	131.27

图 3 - 52　开始拟合分析

第五步：选择拟合指标分析综合指标计算方式，分三种（见图 3 - 53）：

图 3 - 53　拟合指标分析综合指标计算方式

①正态分布①：使用系统现有实现的正态算法（占比默认 100%，系数默认为 1），对选择分析指标进行综合指标计算，如选择分析指标为"车站"，分析特征为"换乘方式"，则使用正态分布算法计算所筛选指标样本每种换乘方式的综合指标。

②合理范围（即"平均偏差率"）内算术平均：先用平均偏差率计算公式，计算所选样本的平均偏差率，其次通过平均偏差率计算出合理上限值和合理下限值，再通过合理上、下限值，找出在合理范围内的样本，最后用算术平均公式计算出每个特征合理范围内平均指标，作为综合指标。详细公式如下：

A. 平均指标计算公式：

$$\theta = \sum Z_b / n$$

θ 表示分析指标平均指标；

Z_b 表示分析的单个指标值；

n 表示分析的指标样本数量。

B. 平均偏差率计算公式：

$$\S = \left[\sum \left|(Z_b - \theta)/\theta\right|\right]/n$$

$\S$ 表示平均偏差率；

Z_b 表示分析的单个指标值；

θ 表示分析指标平均指标；

n 表示分析的指标样本数量。

C. 合理上、下限值计算公式：

$$\beta = \theta \times (1 \pm \S)$$

β 表示合理上、下限值；

θ 表示分析指标平均指标；

$\S$ 表示平均偏差率。

D. 综合指标计算公式：

$$\alpha = \sum H_{z_b} / n$$

α 表示合理范围内的算术平均指标；

H_{z_b} 表示通过平均偏差率计算的合理范围内的指标；

n 表示合理范围内的指标数量。

③算术平均：不考虑剔除任何极端值的情况下，计算一组数据的平均值，如分析的特征是"层数"，通过算术平均公式计算相同层数指标的平均值，作为综合指标。详细公式如下：

$$\theta = \sum Z_b / n$$

---

① 如果相同特征值的样本数不足 10 个，则采用算术平均计算，且该算法为默认算法。

θ 表示分析指标平均指标；

Z_b 表示分析的单个指标值；

n 表示分析的指标样本数量。

不同算法类型的对应图形标题如表 3 – 19 所示。

表 3 – 19　不同算法标题

算法类型	图形标题
正态分布	车站指标正态分布分析结果（剔除特殊项/未剔除特殊项）
合理范围内算术平均	车站指标合理范围内算术平均分析结果（剔除特殊项/未剔除特殊项）
算术平均	车站指标算术平均分析结果（剔除特殊项/未剔除特殊项）

分析图形展示如图 3 – 54 所示。

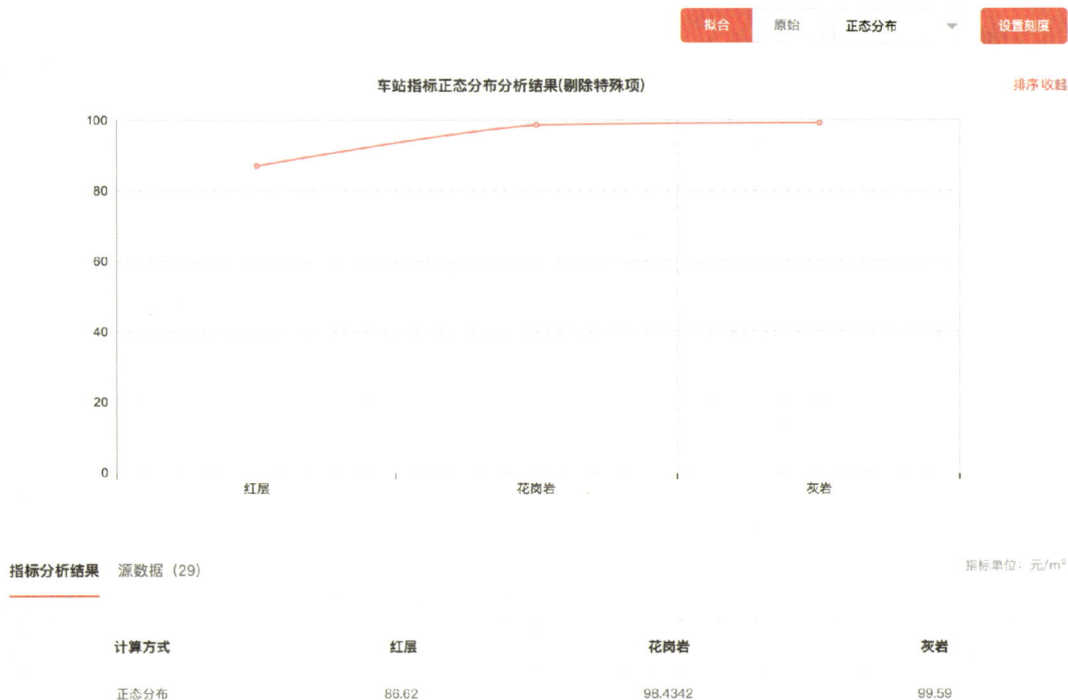

图 3 – 54　分析图形展示

设置刻度（见图 3－55）：

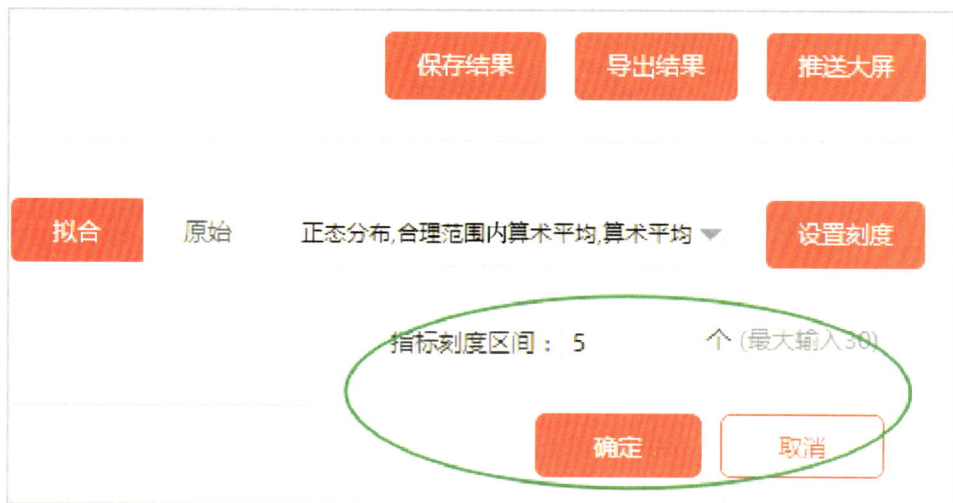

图 3－55　设置刻度

分析结果（见图 3－56）显示：

指标分析结果　源数据（29）　　指标单位：元/m²

计算方式	红层	花岗岩	灰岩
正态分布	8000	9500	10000
合理范围内算术平均	8500	9000	11000
算术平均	8200	9500	10000

1.样本筛选条件：专业：车站、阶段：概算、指标类型：原数据指标、工程类型：单位工程、单位：m2；

2.指标分析特征：车站地质；

3.从正态分布的趋势分析来看，灰岩指标最高（10000元/m²），红层指标最低（8200元/m²），指标差异率为25.00%；

4.从合理范围内算术平均值的趋势分析来看，灰岩指标最高（11000元/m²），红层指标最低（8500元/m²），指标差异率为29.41%；

5.从算术平均值的趋势分析来看，灰岩指标最高（10000元/m²），红层指标最低（8200元/m²），指标差异率为21.95%；

6.合理范围内算术平均值与算术平均值差异最大的是灰岩，差异率为10.00 %；

7.正态分布与算术平均值差异最大的是红岩，差异率为2.50%；

8.正态分布与合理范围内算术平均值差异最大的是灰岩，差异率为10 .00%；

9.正态分布算法，某个特征对应样本数不足10个，系统默认选择算术平均；平均偏差率算法，某个特征值对应样本数不足4个，系统默认选择算术平均。

10.说明：为了指标分析样本完整性，将单延长米指标转换成双延长米指标参与计算

图 3－56　分析结果

【拟合/原始】：【拟合】是用来控制图形计算综合指标结果在二维平面显示效果的（见图 3－57），【原始】是用来控制原始指标在二维平面显示效果的（见图 3－58），默认

选择【拟合】。

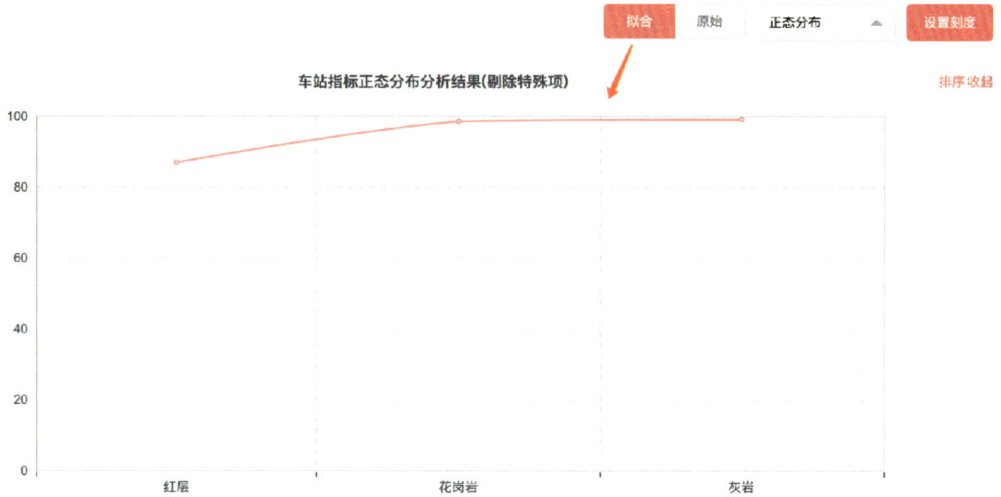

图 3 - 57　拟合显示效果

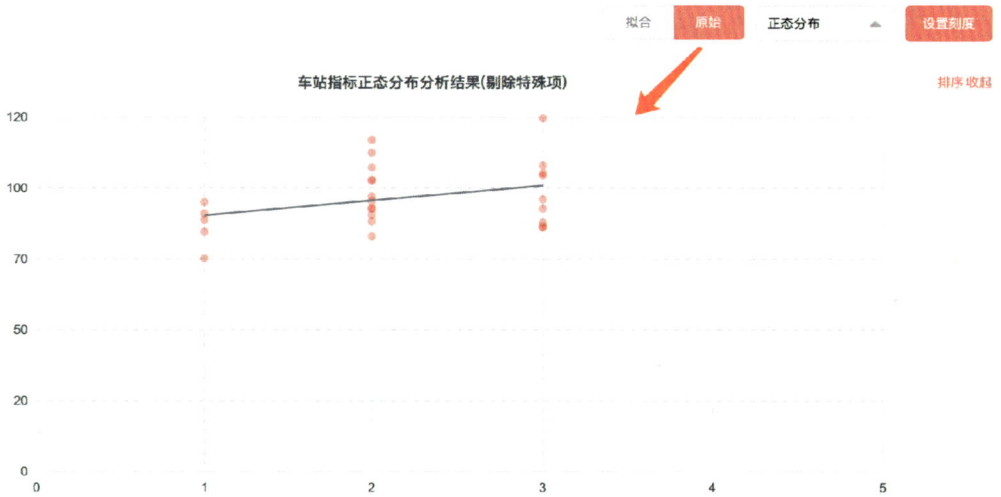

图 3 - 58　原始显示效果

【源数据】：显示当前分析指标的数据样本，点击查看明细，显示效果如图 3 - 59 所示。

指标分析结果　**源数据（29）**　　　　　　　　　　　　　　　　　　添加备注　指标单位：元/m²

指标名称	经济指标↓↑	特征	操作
A站	810.68 元/m²	****	是 否
B站	892.67 元/m²	****	是 否
C站	974.02 元/m²	****	是 否
D站	94.89 元/m²	****	是 否
E站	655.45 元/m²	****	是 否
F站	496.79 元/m²	****	是 否
G站	850.28 元/m²	****	是 否

图 3 - 59　源数据

同一筛选条件，采用不同的算法组合，会有不同的分析结果。

①样本筛选条件：专业——车站、阶段——概算、指标类型——原数据指标、工程类型——单位工程、单位——m²、车站类型——地下车站、规划期——三期；

②指标分析特征：车站跨数。

以上述分析结果为例，进行分析说明：

①一种算法分析结果（正态分布）：

从正态分布的趋势分析来看，灰岩指标最高（10000 元/m²），红层指标最低（8000 元/m²），指标差异率为 25.00%。

②两种算法分析结果（正态分布 + 合理范围内算术平均）：

A. 数值型特征显示区间值，非数值型特征并列显示特征值；

B. 从正态分布的趋势分析来看，灰岩指标最高（10000 元/m²），红层指标最低（8000 元/m²），指标差异率为 25.00%；

C. 从平均偏差率合理范围内算术平均值的趋势分析来看，灰岩指标最高（11000 元/m²），红层指标最低（8500 元/m²），指标差异率为 29.41%；

D. 正态分布与平均偏差率合理范围内算术平均值差异最大的是灰岩，差异率[①]为 10.00%。

③三种算法分析结果（正态分布 + 合理范围内算术平均 + 算术平均）：

A. 从正态分布的趋势分析来看，灰岩指标最高（10000 元/m²），红层指标最低（8000 元/m²），指标差异率为 25.00%；

---

① 差异率说明：通过对比两种计算算法差异率，找出差异率的绝对值最大的进行说明，计算方式：$\theta = |(S_2 - S_1)/S_1| \times 100\%$，其中 θ 表示同一特质两种算法差异值；S_1 表示第 1 种算法指标值；S_2 表示第 2 种算法指标值。

B. 从平均偏差率合理范围内算术平均值的趋势分析来看，灰岩指标最高（11000 元/m²），红层指标最低（8500 元/m²），指标差异率为 29.41%；

C. 从算术平均值的趋势分析来看，灰岩指标最高（10000 元/m²），红层指标最低（8200 元/m²），指标差异率为 21.95%；

D. 平均偏差率合理范围内算术平均值与算术平均值差异最大的是灰岩，差异率为 10.00%；

E. 正态分布与算术平均值差异最大的是红层，差异率为 2.50%；

F. 正态分布与平均偏差率合理范围内算术平均值差异最大的是灰岩，差异率为 10.00%；

【选择分析特征的展示数值】：选择分析特征为数值型，X 轴坐标值定义规则（见图 3 - 60）。

默认区间值：按照当前分析特征设置的区间值展示。

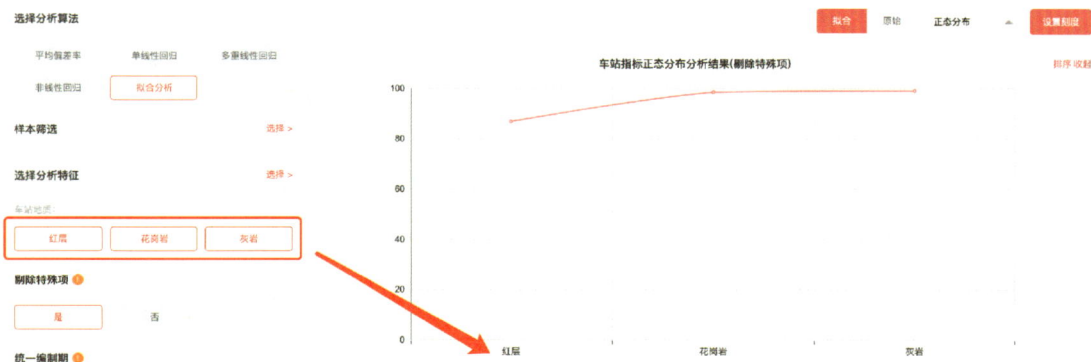

图 3 - 60　拟合分析计算

【自定义】：用户自定义输入区间值，确定 X 轴坐标值，点击【自定义】弹窗设置区间值，如图 3 - 61 所示。

图 3 - 61　自定义区间

3. 应用场景

（1）指标特征对指标影响系数分析。

①输入条件（见表3－20）。

表3－20 指标特征影响指标输入条件

特征/条件名称	输入值
专业	车站
阶段	概算
指标类型	原始数据指标
工程类型	单位工程
规划期	二期
分析特征	层数、车站宽度、车站长度、建筑面积、车站埋深、站台宽度

②输出结果（见图3－62）。

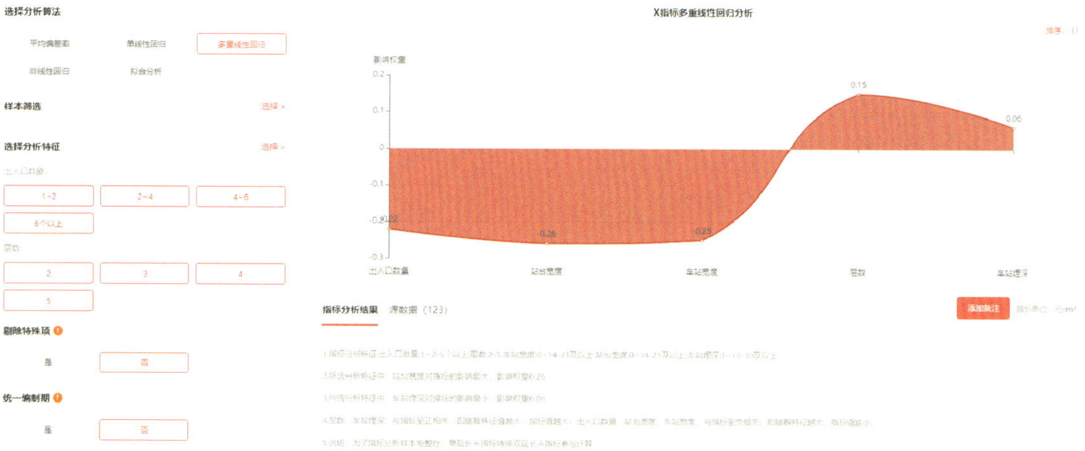

图3－62 指标特征影响输出结果

（2）指标预测。

①输入条件（见表 3 - 21）。

表 3 - 21　指标预测输入条件

条件名称	输入值
专业	车站
阶段	概算
敷设方式	地下车站
规划期	三期
编制时间	2018 年 2 月
施工工法	明挖
层数	2 层
地质	红层
车辆编组	6B
站台形式	岛式
围护结构形式	地下连续墙
建筑面积	20000 平方米
车站长度	220m
车站宽度	22m
车站埋深	18m
出入口数量	4 个
是否换乘站	否
是否地基加固	否
是否溶洞处理	否

②预测结果（见图3-63）。

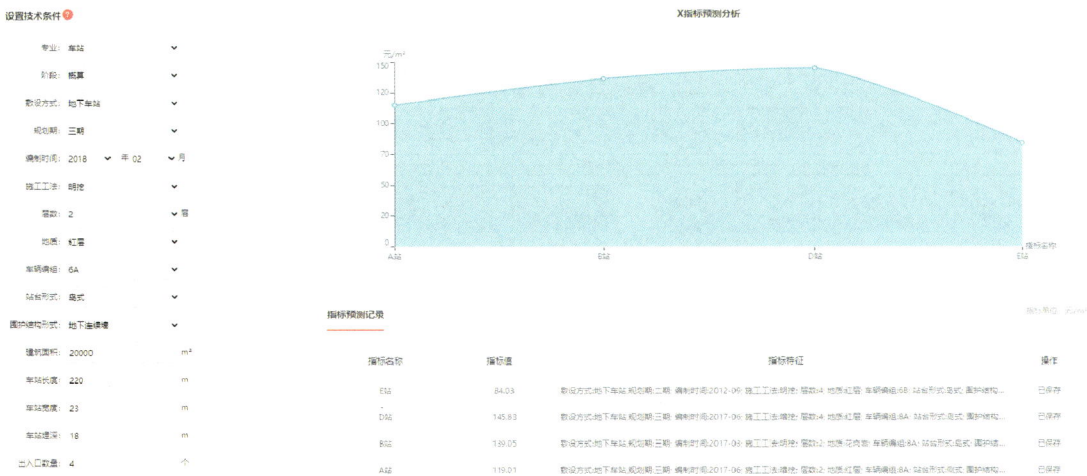

图 3-63 预测结果

五 城市轨道交通工程造价大数据平台主要功能

【一】 工程造价大数据平台系统架构设计

1. 数据层

数据层包含平台所需的各类数据源分析处理基础，如 Hadoop、Hive、Hbase 等，同时通过 OpenSpark 云计算实现内存及数据挖掘计算、各类数据的批处理及实时采集分析等，形成 Greenplum 数据仓库。通过 ETL 方式采集和同步相关数据，通过数据抽取、分发、清洗、转换和装载等过程进行数据的共享和初步处理，根据数据源的类型将数据存储到数据平台，实现对各种数据源的整合、汇总、分析，为上层提供数据服务（见图3-64）。

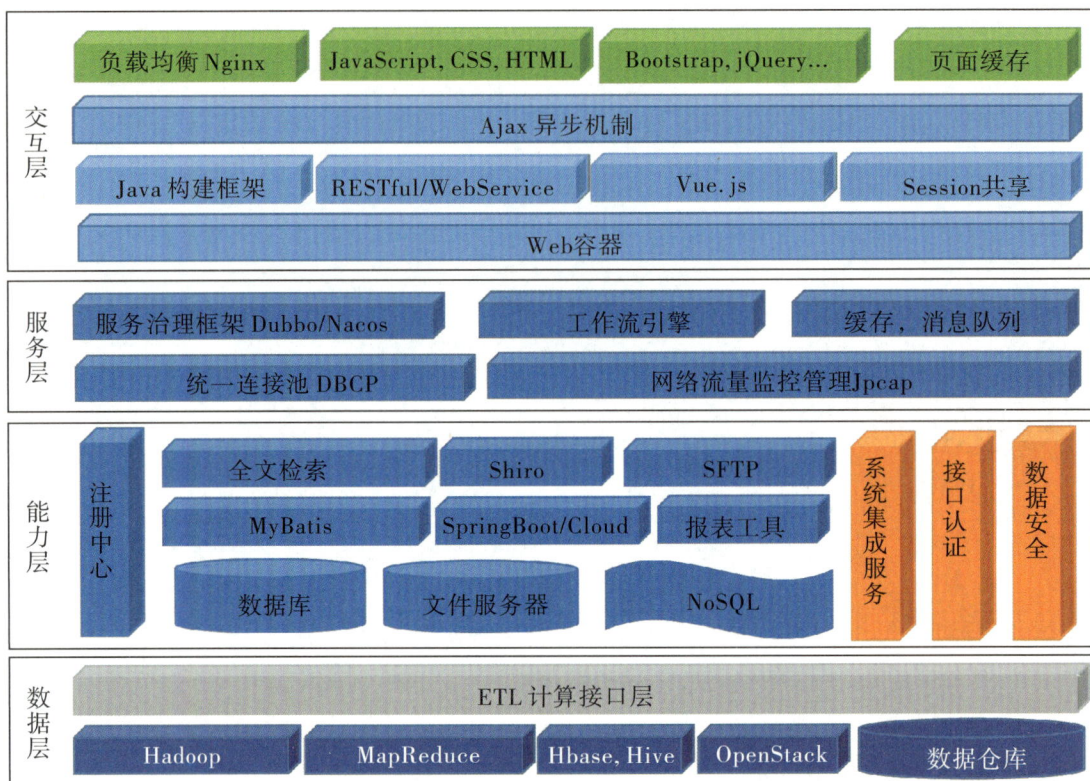

图 3-64　工程造价大数据平台系统架构

2. 能力层

能力层主要完成数据源中数据的存储、同步，接口数据集成，并进行初步的处理以实现数据的管理。采用包括分布式关系型数据库 MySQL、搜索引擎 Elasticsearch、内存数据库在内的数据以及分布式 FastDFS 文件数据存储能力；提供包括离线并行计算、内存计算在内的数据处理能力；提供包括统计函数、挖掘模型、多维分析模型在内的数据算法调用能力；提供数据仓库处理与存储应用能力；提供报表数据工具、系统接口集成能力。

3. 服务层

服务层封装平台的系统服务能力，基于 Dubbo 服务治理框架、Redis 缓存、消息队列、工作流引擎等，通过接口网关提供本系统内部及本系统与外部系统之间的服务能力与数据共享。

4. 交互层

前端采用 Ajax 异步技术、jQuery/HTML 等前端技术框架，支持多样化的客户端访问展示，包括内外网 Web 方式等。

（二）　功能架构

功能架构如图 3 - 65 所示。

投资决策场景		
造价测算	合同控制	限额设计
造价评估	项目预警	全阶段对比

移动办公	
材价查询	文档查询
造价查询	指标查询

系统设置管理

个人中心	
我的报告	我的材价
标准化管理	我的指标
权限转移	权限申请

业务应用场景

项目体检	项目对比分析
概算分析	工程方案快速替换

我的工作台	
待办事项	常用功能
快速入口	统计图表

指标应用分析	
项目指标总览	指标查询
指标分析	常用综合指标

供应商管理	
供应商台账	品牌台账
合作企业上报管理	

配置设置		
账号管理	预警设置	材价设置
组织管理	权限管理	操作日志
用户管理	角色管理	敏感词

工程项目管理	
线网总览	线路费用
单位工程	分部分项
清单定额	预整理项目数据
房产类项目台账	运营类项目台账

工料机管理
原始材价库
标准材价库
材价测算分析
清单配价

数据上传管理
项目数据上传
草稿箱
审核列表
待入库材价

工程项目维护	
基础数据维护	标准化维护
工程信息维护	文档库设置

图 3 - 65　功能架构

（三）　主要数据库设计

1. 文档库

原文件导入，或者使用接口获取数据，将其存放到所有原始文件的文档库。

2．项目库

存放解析后的数据，从原始库中获取原始数据。

3．指标库

存放清洗标准化及特征关联的造价指标数据，数据源从项目库、文档库中获取。

4．供应商库

从项目库、文档库中获取。

5．材料库

从项目库、文档库、材料库中获取。

（四）　功能模块设计

城市轨道交通工程造价大数据平台设计了平台首页、线网造价成本总览、个人中心、项目造价管理、投资决策、资源整合管理、项目指标分析、工料机价格分析、常用综合材价分析、供应商管理、造价文档管理、数据统计和系统管理共 13 个模块（见图 3－66），另外提供移动端应用。上述模块和应用按相关性汇总说明如下：

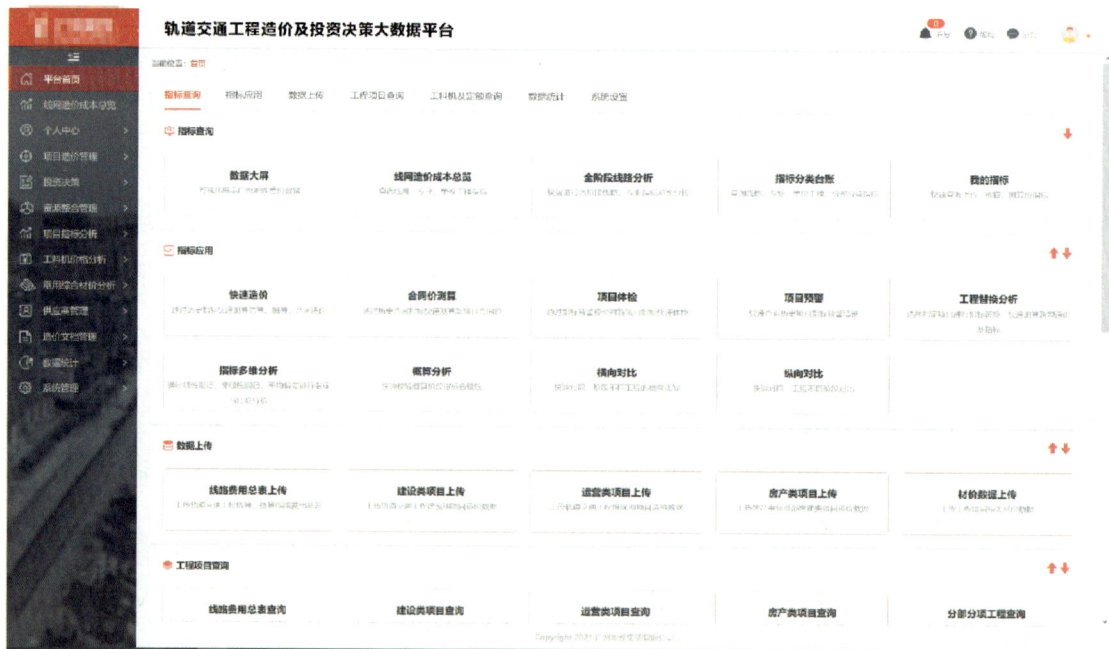

图 3－66　城市轨道交通工程造价大数据平台功能框架

1．平台首页及个人中心

为当前用户按所配置权限提供各项常用功能的快捷入口和工作台。

2．线网造价成本总览

可视化展示全线网造价数据，从线路、阶段、专业等多个维度直观呈现城市轨道交通工程的造价水平。

3．项目造价管理

用来管理城市轨道交通现有的历史造价数据、将来产生的新项目数据；形成以项目为中心的数据关系链，统计项目全过程中所产生的各项造价数据，包含估算、概算、控制价、合同价、结算价等，以有效地解决数据孤岛问题；对项目全过程造价进行控制与预警，合理地指导工程项目各阶段的造价管控，指导和预测未来项目的投资。

4．项目指标分析

从工程经济专业的角度，对轨道交通工程各专业进行提炼，形成技术要点，从而建立轨道交通工程技术经济指标分析的标准模型，为指标模型提供统一的自动化、智能化的管理。建立覆盖轨道交通工程车站、区间等16个专业工程的技术经济指标分析体系，形成专业指标、常用指标。通过指标实现对在建项目、新建项目多维度、多颗粒度的预警，对造价异常项目作出自动提醒。

5．工料机价格分析、常用综合材价分析及供应商管理

自动提取城市轨道交通工程相关的人工、材料、机械价格数据，形成材价数据库，自动标准化，满足计算机自动分析的需要。通过各种材价测算方法形成材价指数指标，对城市轨道交通合作企业上报的工料机价格数据进行预警提示，对现有的造价数据按不同专业、不同时间自动汇总人工、材料、机械价格。为城市轨道交通的合作企业提供权限，包括材料设备供应商，让其可以通过专门的登录界面进行人工、机械、设备价格的填报，系统自动分析、对比、预警，并按规定的格式（如月、季、年）汇总成统计结果。对常用材料设备进行综合价测算，运用大数据分析和数据挖掘技术，设定数学模型，拟定权重系数，从而得出企业内部控制价，对所有涉及的材料设备供应商进行统一的管理。

6．投资决策

通过平台积累的造价基础数据、技术经济指标数据、工程特征等，运用相似度算法、机器学习等实现对一条线路投资费用的快速预测；通过将工程项目拆分至最小颗粒度，进

而重新组合、构建，形成新的工程项目数据；最终通过对比、分析、预警等方式，实现新建项目造价水平的合理控制。

7. 造价文档管理、数据统计及资源整合管理

造价文档管理模块管理所有轨道交通工程造价相关的电子文档、资料，实现文档与造价数据的自动关联；数据统计模块将本平台涉及的所有数据资源进行汇总；资源整合管理模块管理工程涉及的清单、定额等数据。

8. 移动化办公应用

通过移动办公门户、浏览器、App 等使用轨道交通工程造价大数据平台，查看、查询材价数据、造价数据、指标数据及可视化统计数据等。

第四章

城市轨道交通工程造价数字化应用研究

一 城市轨道交通工程造价快速检索

（一） 城市轨道交通工程造价快速检索分析研究

采用"决策树＋ES 索引"智能搜索，快速精准地从百万级轨道工程造价数据库中检索各个分类、各个阶段的工程造价数据，满足不同人员对于不同维度数据的快速精准查询需求，达到"秒级"数据查询。

轨道交通工程造价快速检索的主要研究方向是：

（1）实现数据入库项目列表台账查询：建设类项目列表展示。

（2）项目快速全文搜索：支持按照项目专业、线路、阶段、地区、规划期等特征查询。

（3）快速溯源查看项目详情：可查看项目的关联信息，包括项目造价，项目特征信息，项目的清单定额、工料机信息，可根据项目信息推荐相似的项目进行对比统计。

快速检索设计流程如图 4 - 1 所示。

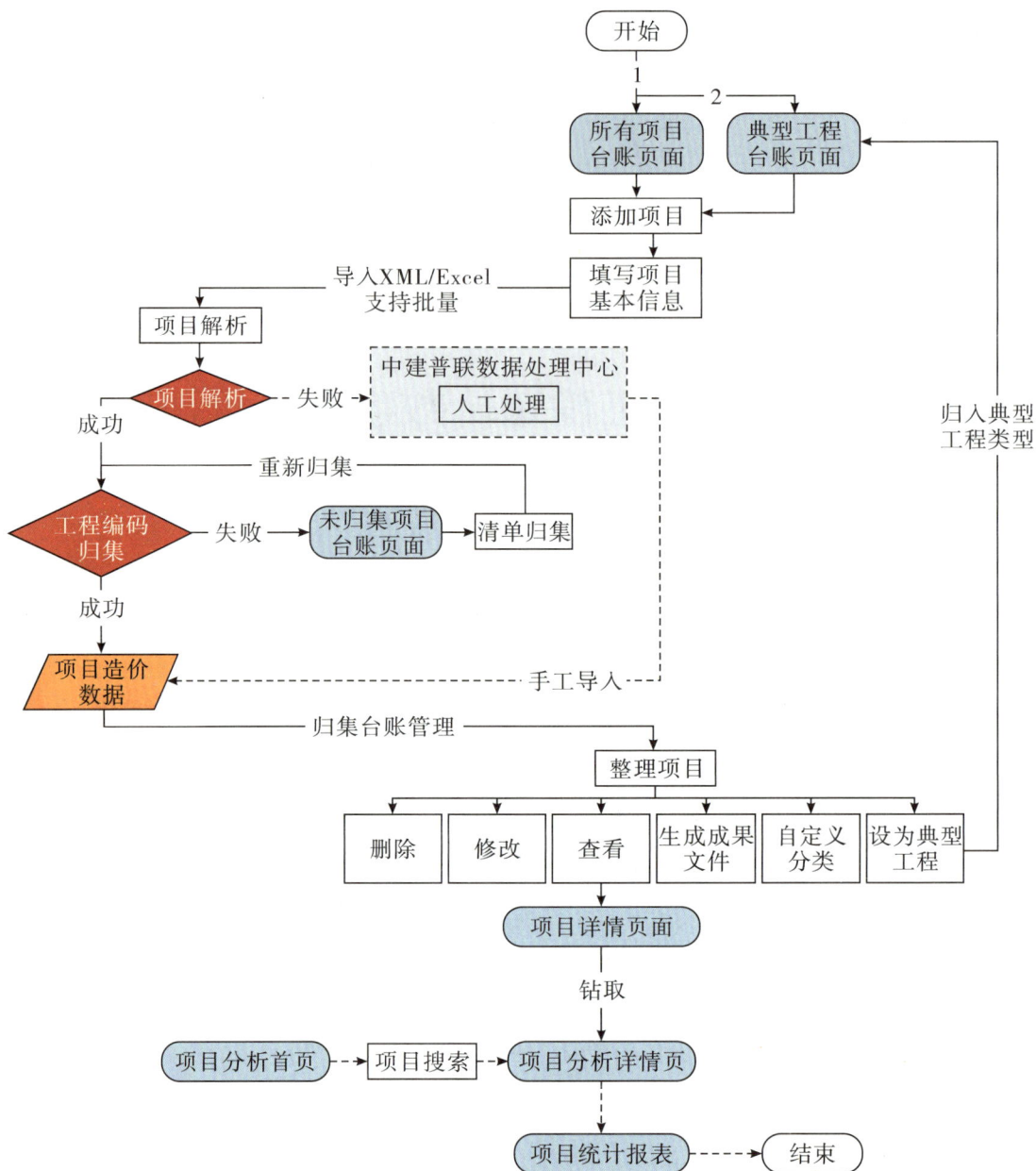

图 4-1 快速检索设计流程

〈二〉 城市轨道交通工程造价快速检索应用场景

针对工程造价数据仓各个维度数据进行全面检索，包括线路、单位工程、分部分项工程、清单、定额、工料机、造价文档等。

1. 项目查询

以项目为单位快速查询全部历史及在建项目已形成的造价数据文件，可按线路、专业、单位工程筛选，也可按造价阶段、规划期、编制年限、线路名称、专业分类、单位、下浮率预警范围等筛选（见图4-2）。

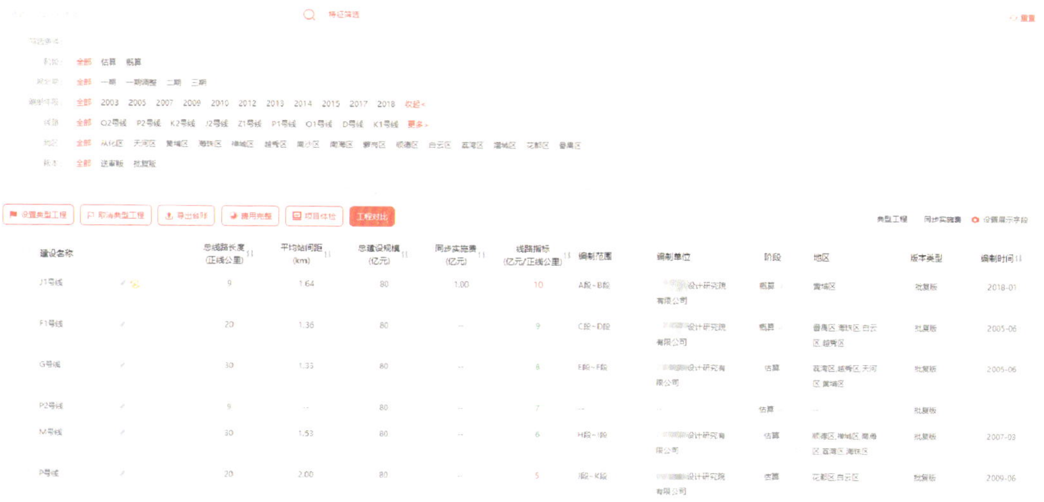

图4-2　项目台账

2. 指标查询

系统建立指标分类台账，可按线路及各个专业等目录查询，也可按造价阶段、规划期、指标类型、工程类型、单位等筛选（见图4-3）。

图4-3　指标分类台账

3. 分部分项查询

系统建立分部分项工程库，按照线路、单位工程、差异项进行分类，提取历史项目造价数据中的分部分项内容，可按造价阶段、规划期、线路名称、单位等筛选（见图4-4）和对比分析（见图4-5）。

图4-4　分部分项检索

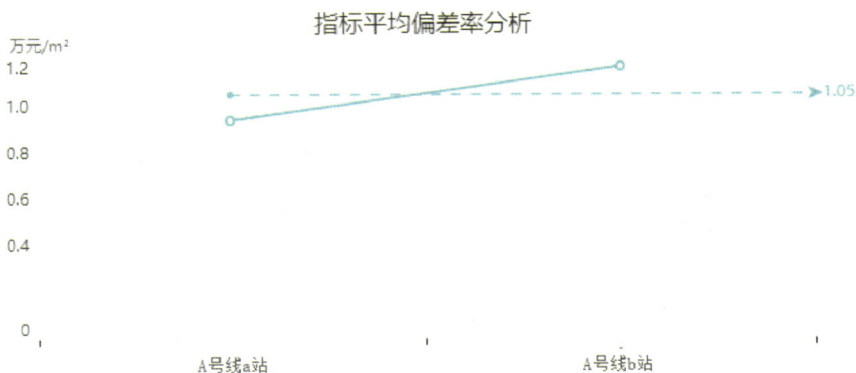

图4-5　分部分项对比分析

4. 清单查询

系统建立清单库，提取历史项目造价数据中的清单内容，可按线路、专业分类筛选（见图4-6）。

图4-6 清单检索

5. 定额查询

系统建立定额库，提取历史项目造价数据中的定额内容，可按线路、专业分类筛选（见图4-7）。

图4-7 定额检索

6．工料机查询

汇集所有历史项目及用户上传的工料机数据，可按适用时间、更新时间、地区、数据来源、材价类型、国标分类、是否含税等条件筛选（见图4-8）。

图4-8　工料机价格分析

7．造价文档查询

造价文档分为公共文档和机密文档等，可按时间、文件类型、关键字等快速查询（见图4-9）。

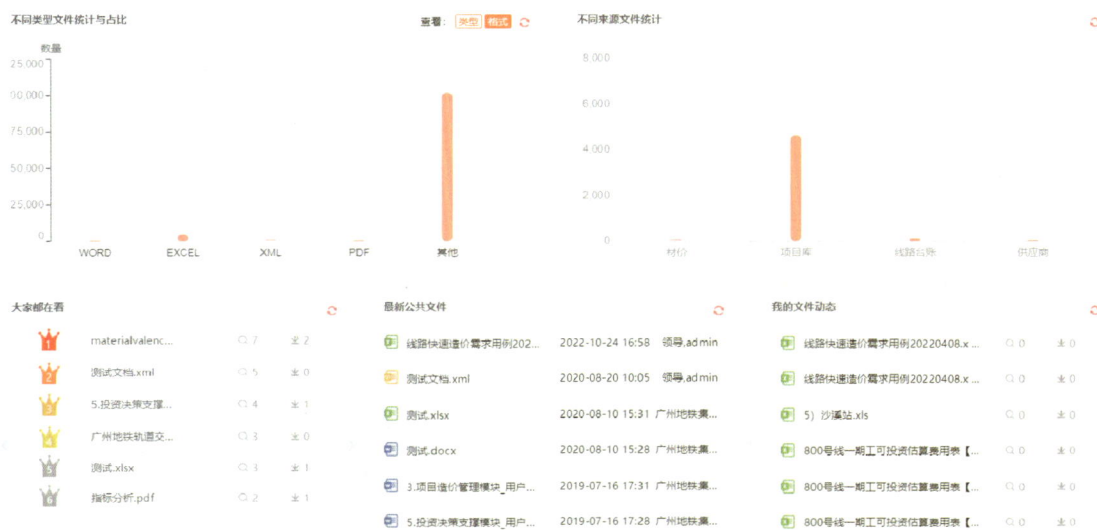

图4-9　造价文档查询

二　快速预警

采用智能预警模型对应造价预警值，对不同规划期、专业分别设置预警指标值、合理范围，系统可按需灵活配置，包括用系统均值模型、典型工程模型进行实时预警，同时支持同一工程各阶段之间预警，例如概算超估算预警、合同超概算预警、当前项目指标在系统均值、典型工程是否异常以及指标偏离平均指标程度等。

（一）　指标预警模型研究

指标预警分析模型的主要研究方向是：

（1）实现指标的实时预警。

（2）全面了解线网指标预警情况。

（3）实现系统自动对除工程费之外的费用取费规则预警。

项目预警功能结构如图 4 - 10 所示。

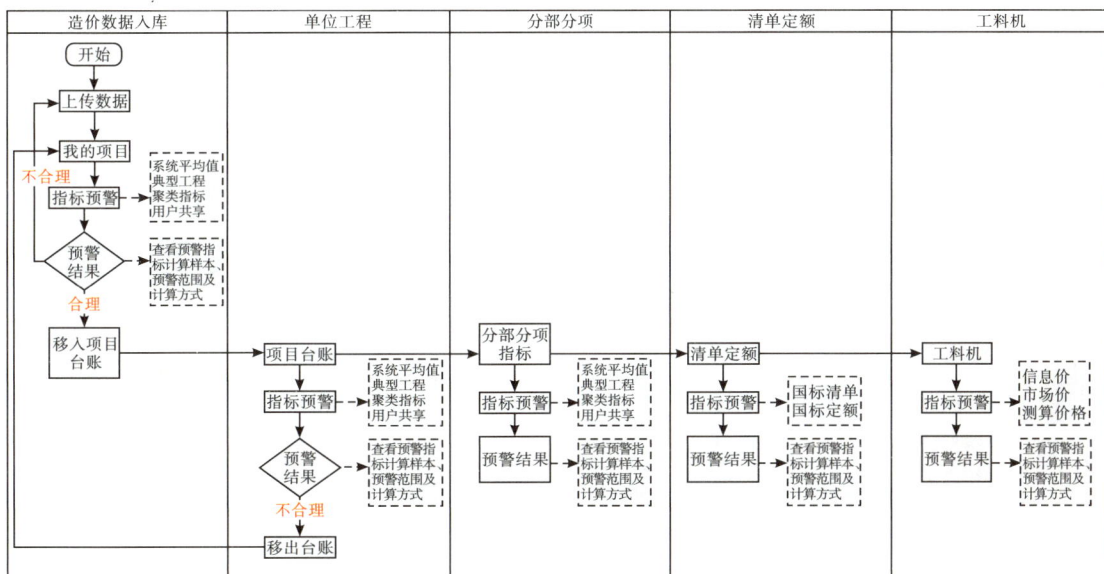

图 4 - 10　项目预警功能结构图

针对轨道交通线路造价水平提供预警信息，设计的预警模型包括系统均值模型、典型工程模型、自定义模型三种，计算方法包括算术平均、正态分布、中位数三种。

1. 系统均值模型

用于预警的计算样本可根据数据源、特征来设置（见图 4 – 11）。

设置匹配后的样本根据选择的算法计算预警指标值，合理范围计算用于设置预警指标值的上下浮动范围。实际预警中，使用"预警指标值×（1±合理范围）"的计算结果来判断预警对象是否在指标浮动范围内。若预警对象在范围内（含边界值），则为正常指标；若预警对象小于浮动范围最小值或大于浮动范围最大值，则为异常指标。

图 4 – 11　系统均值预警模型设置

2. 典型工程模型

依据系统设置的典型工程项目作为预警采纳样本（见图 4 – 12）。

根据选择的算法计算预警指标值，合理范围计算用于设置预警指标值的上下浮动范围。实际预警中，使用"预警指标值×（1±合理范围）"的计算结果来判断预警对象是否在指标浮动范围内。若预警对象在范围内（含边界值），则为正常指标；若预警对象小于浮动范围最小值或大于浮动范围最大值，则为异常指标。

图 4 – 12　典型工程预警模型设置

3. 自定义模型

不利用历史项目数据计算预警值，而是由用户设置预警指标范围（见图 4 - 13）。

根据设置好的预警指标值，合理范围计算用于设置预警指标值的上下浮动范围。实际预警中，使用"预警指标值 ×（1 ± 合理范围）"的计算结果来判断预警对象是否在指标浮动范围内。若预警对象在范围内（含边界值），则为正常指标；若预警对象小于浮动范围最小值或大于浮动范围最大值，则为异常指标。

图 4 - 13　自定义预警模型设置

〔二〕　下浮率预警

对线路、专业、单位工程三个层面设置下浮率预警（估算阶段除外）（见图 4 - 14）。

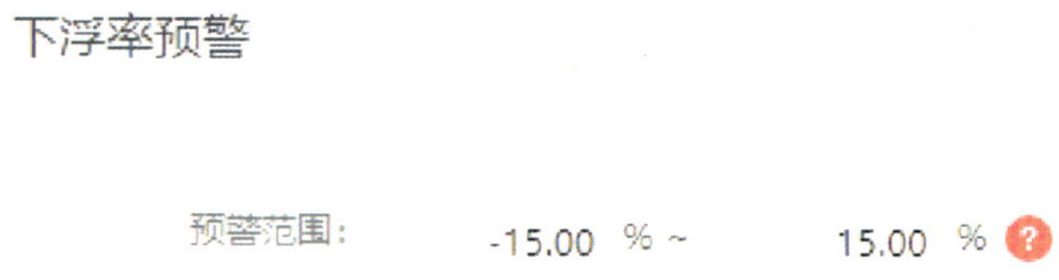

图 4 - 14　下浮率预警设置

当预警对象的下浮率在该范围内（含边界值），则为正常指标；若预警对象的下浮率小于预警范围最小值或大于预警范围最大值，则为异常指标。

〔三〕 预警应用场景

1. 线路预警

在反映线路工程造价的页面，对其造价水平进行预警（见图4-15）。

图4-15　线路预警

2. 专业预警

在反映专业工程造价的页面，对其造价水平进行预警（见图4-16）。

图4-16　专业预警

3. 单位工程预警

在反映单位工程造价的页面，对其造价水平进行预警（见图4-17）。

图4-17　单位工程预警

4. 分部分项预警

在反映分部分项工程造价的页面，对其造价水平进行预警（见图4－18）。

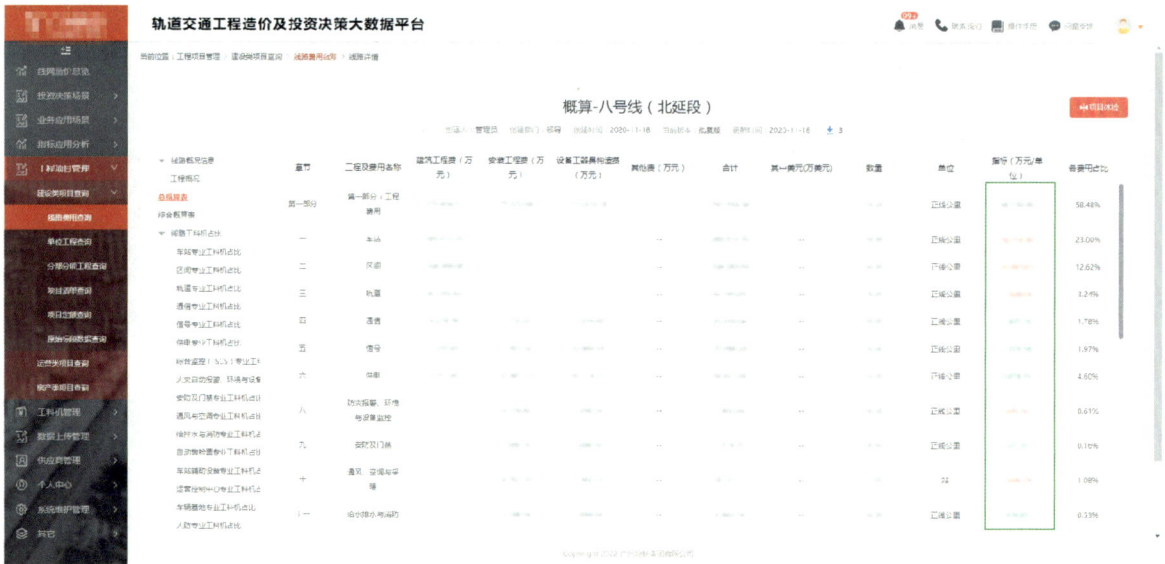

图4－18　分部分项预警

5. 下浮率预警

对所有存在多个造价阶段的工程造价数据的后一阶段的造价水平和前一阶段对比的情况进行预警（见图4－19）。

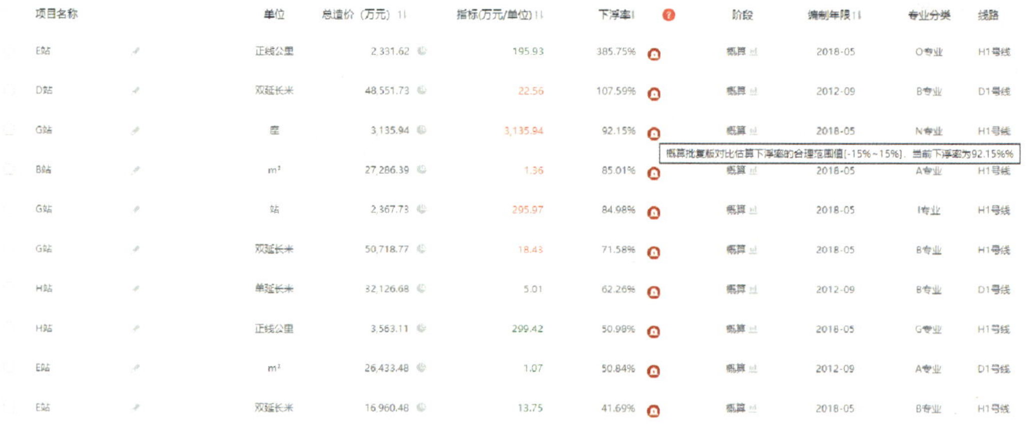

项目名称	单位	总造价（万元）	指标(万元/单位)	下浮率	阶段	编制年限	专业分类	线路
E站	正线公里	2,331.62	195.93	385.75%	概算	2018-05	O专业	H1号线
D站	双延长米	48,551.73	22.56	107.59%	概算	2012-09	B专业	D1号线
G站	座	3,135.94	3,135.94	92.15%	概算	2018-05	N专业	H1号线
B站	m²	27,286.39	1.36	85.01%	概算	2018-05	A专业	H1号线
G站	站	2,367.73	295.97	84.98%	概算	2018-05	I专业	H1号线
G站	双延长米	50,718.77	18.43	71.58%	概算	2018-05	B专业	H1号线
H站	单延长米	32,126.68	5.01	62.26%	概算	2012-09	B专业	D1号线
H站	正线公里	3,563.11	299.42	50.98%	概算	2018-05	G专业	H1号线
E站	m²	26,433.48	1.07	50.84%	概算	2012-09	A专业	D1号线
E站	双延长米	16,960.48	13.75	41.69%	概算	2018-05	B专业	H1号线

概算批复版对比估算下浮率的合理范围值[-15%~15%]，当前下浮率为92.15%%

图4－19　下浮率预警

6. 费用项预警

在反映费用项金额的页面，对其费用水平进行预警（见图4-20）。

图 4-20　费用项预警

三　城市轨道交通工程造价快速辅助决策

（一）　全阶段样本筛选分析研究

基于轨道交通已建立起百万级造价数据仓库，如何有序、快速地检索出所需的信息数据，呈现不同维度的样本筛选分析，成为当下的一大难题。采用"决策树+用ES索引"智能搜索的大数据技术，能快速精准地检索各个分类、各个阶段的工程造价数据，满足不同人员对于不同维度数据快速精准检索的需求，达到"秒级"数据检索。

1. 四部分费用对比

数据源：获取线路四部分费用的估算、概算、合同、结算数据，进行对比。

特征参数：引用特征关联技术研究成果，将工程造价数据关联上技术特征参数信息。

筛选维度：线路名称、规划期、车辆编组、最高运行速度。

系统实现跨部门、跨阶段、跨线路的造价数据对比，如图 4 - 21 所示。

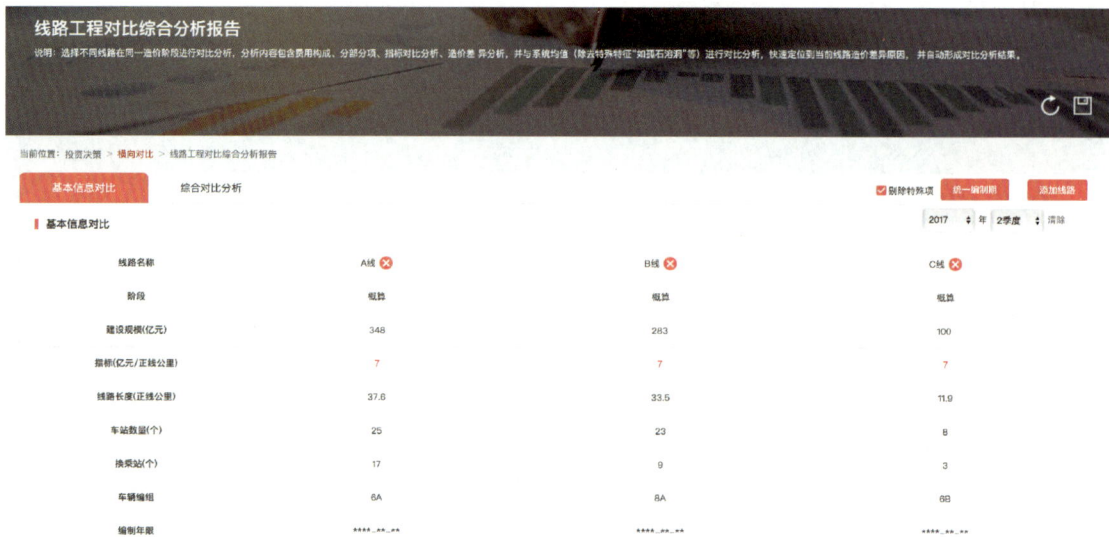

图 4 - 21　线路费用对比

2. 各专业单位工程费用对比

数据源：获取线路第一部分工程费用各专业单位工程的估算、概算、合同、结算数据，进行对比。

特征参数：引用特征关联技术研究成果，将工程造价数据关联上技术特征参数信息。

筛选维度：专业特征，以车站为例，如敷设方式、工法等。

打通串联逻辑，将估算数据、概算数据、合同数据和结算数据通过工程结构编码体系进行串联，如图 4 - 22 所示。

图 4-22　单位工程各造价阶段数据串联

3. 应用场景

通过筛选特定特征历史造价指标进行工料机占比分析（见图 4-23）、人工价占比分析（见图 4-24）。

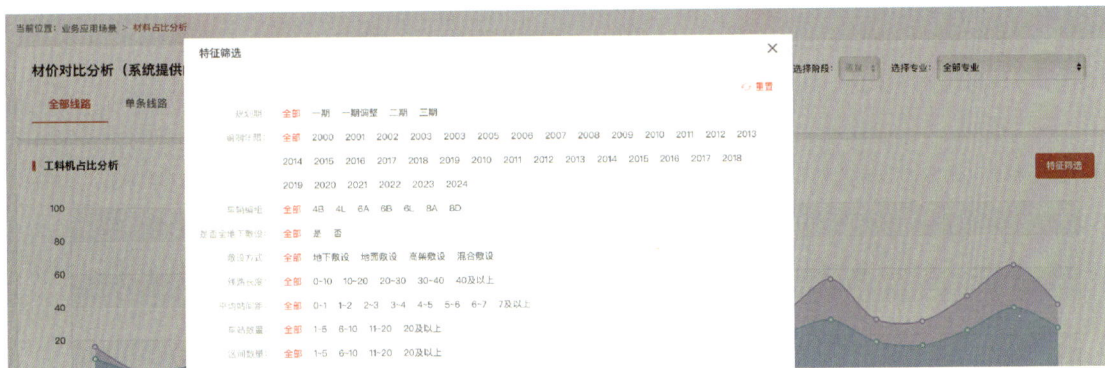

图 4-23　工料机占比特征筛选

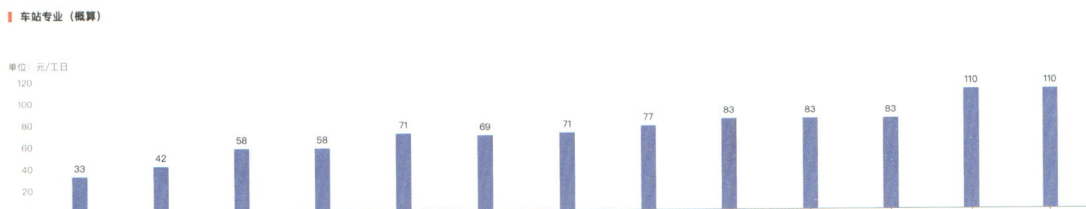

图 4-24　人工价分析

（二）　不同时期造价换算分析技术模型研究①

1．土建专业

（1）土建专业换算逻辑。

工程费用分建筑工程费用、安装工程费用和设备购置费用三种类型。建筑工程费用主要受人工、混凝土、钢筋、柴油和电的影响。人工价格呈逐年上升的趋势，混凝土、钢筋、柴油和电等价格随着市场环境的变化而波动，从而导致建筑工程费用随着调整。安装工程费用不含主材的部分主要受人工、柴油和电价格的影响，与建筑工程费用类似，也随着市场环境变化而调整。

（2）土建专业建筑工程费用换算逻辑分析（见表4－1）。

表4－1　土建专业建筑工程费用换算逻辑分析

车站名称	钢筋工程量	钢筋合价	材料总价	钢筋占比	混凝土	混凝土合价	材料总价	混凝土占比
A 站	21505.419	60018060.45	122698037.6	49%	107516.593	41149309.85	122698037.6	34%
B 站	22971.433	63964424.45	143831485.7	44%	125800.725	47695604.64	143831485.7	33%
C 站	12996.883	36228899.44	90099147.29	40%	81875.476	31435039.93	90099147.29	35%
D 站	9896.745	23462625.78	67090185.72	35%	59375.295	23367479.51	67090185.72	35%
F 站	21346.833	58080278.18	137683561	42%	124876.012	48732524.38	137683561	35%
G 站	28502.037	78516047.78	175811700.1	45%	160441.814	60893171.58	175811700.1	35%
H 站	13284.672	36608254.56	90496275.98	40%	78525.378	29684031.2	90496275.98	33%
I 站	23120.764	65115836.48	163802041.7	40%	149759.805	56625031.35	163802041.7	35%
J 站	13191.705	37457457.25	95243980.4	39%	83754.483	31837614.47	95243980.4	33%
K 站	14280.794	39378424.93	101261674.6	39%	91833.849	35630373.78	101261674.6	35%

明挖地下车站					
车站名称	人工工程量	车站面积	车站总造价	车站面积占比	车站总造价占比
A 站	446568.761	16043		27.84	0.28%
B 站	611924.379	32398		18.89	0.17%
C 站	395302.713	22718		17.40	0.15%
D 站	310862.371	17513		17.75	0.18%

---

①　王立勇．城市轨道交通工程技术经济指标［M］．北京：中国建筑工业出版社，2016：272．

（3）通过对历史造价文件的研究发现，土建专业影响造价的主要为人工、材料、机械费用，其中人工、钢筋、混凝土、柴油、电的费用占据整个项目费用的80%左右。依据二八原则，在进行不同时期造价水平换算时，可以通过对上述5类主材不同时期的信息价变化进行分析，把不同时期的项目造价换算到同一时期的造价水平。

具体换算公式如下（以车站为例）：

$$Z_b = [Z_j + (R_1 - R_2) \times R_\S + (G_1 - G_2) \times G_\S + (T_1 - T_2) \times T_\S +$$
$$(C_1 - C_2) \times C_\S + (D_1 - D_2) \times D_\S)]/S$$

其中，Z_b 表示车站换算后指标；

Z_j 表示车站原总造价金额；

R_1、G_1、T_1、C_1、D_1 分别表示人工、钢筋、混凝土、柴油、电在换算时期（取季度价，无季度价取当季度月份价）的信息价；

R_2、G_2、T_2、C_2、D_2 分别表示人工、钢筋、混凝土、柴油、电在车站编制时间（取季度价，无季度价取当季度月份价）的信息价；

$R_\S$、$G_\S$、$T_\S$、$C_\S$、$D_\S$ 分别表示人工、钢筋、混凝土、柴油、电在单位工程的用量；

S 表示车站建筑面积。

2. 机电专业

（1）换算逻辑。

机电系统安装工程费用中不含主材的部分主要受人工、柴油和电价格的影响。因此，可以通过计算土建工程建筑工程费用的调整比例，来测算机电系统安装工程费用在不同编制期的调整费用。

（2）具体换算步骤。

第一步：土建工程建筑工程费用的调整系数 T 计算：

$$T = [(C_h - C_q) + (Q_h - Q_q)]/(C_q + Q_q)$$

其中，T 表示机电专业换算系数；

C_q、C_h 表示车站（1条线路全部车站）换算前和换算后造价金额；

Q_q、Q_h 表示区间（1条线路全部区间）换算前和换算后造价金额。

第二步：机电专业换算（以轨道为例）。

分析机电专业建筑工程、安装工程、设备器具占比，以广州某线为例（见表4-2）。

表 4－2　机电专业换算

（单位：万元）

费用名称	建筑工程	安装工程	设备费	总费用	建筑工程占比	安装工程占比	设备费占比
第一部分：工程费用	447480	69534	118793	635807	70.38%	10.94%	18.68%
土建工程	371635			371635	100.00%		
轨道工程	30811			30811	100.00%		
通信	7116	3247	11987	22350	31.84%	14.53%	53.63%
信号		3511	19897	23408		15.00%	85.00%
控制指挥中心	3000	3639	8106	14745	20.35%	24.68%	54.97%
供电	3063	41890	33071	78023	3.93%	53.69%	42.39%
通风和空调		6132	3868	10000		61.32%	38.68%
屏蔽门、安全门		1512	3888	5400		28.00%	72.00%
车站设备监控		988	2992	3980		24.82%	75.18%
给排水及消防		3747	1883	5630		66.55%	33.45%
自动扶梯及电梯		1260	9240	10500		12.00%	88.00%
自动售检票		460	12040	12500		3.68%	96.32%
车辆段及综合基地	29153	4888	14543	48584	60.01%	10.06%	29.93%
人防工程	2702	84	14	2800	96.50%	3.00%	0.50%

3．换算案例（某车站）

2017 年 10 月某车站在估算阶段换算前总造价为 169652350.0000 元，工程量为 14256.5000m²，指标为 11900.0000 元/m²。将其换算为 2018 年 2 月的造价水平：换算后总造价为 182579350.1130 元，工程量为 14256.5000m²，指标为 12806.7443 元/m²。其中涉及的换算内容如表 4－3 所示。

表4-3　换算案例（车站）

主材	主材占比	编制期信息价	换算期信息价
人工	0.15086957	77.0000	83.0000
钢筋	0.15565217	3779.9875	4718.8560
混凝土	0.08739130	335.9103	452.4000
柴油	0.03875000	8.5564	7.6167
电	0.01636364	0.8293	0.8156

具体换算公式如下：

$$Z_b = [Z_j + (R_1 - R_2) \times R_\S + (G_1 - G_2) \times G_\S + (T_1 - T_2) \times T_\S +$$
$$(C_1 - C_2) \times C_\S + (D_1 - D_2) \times D_\S)] / S$$

其中，Z_b 表示车站换算后指标；

Z_j 车站原总造价金额；

R_1、G_1、T_1、C_1、D_1 分别表示人工、钢筋、混凝土、柴油、电在换算时期（取季度价，无季度价取当季度月份价）的信息价；

R_2、G_2、T_2、C_2、D_2 分别表示人工、钢筋、混凝土、柴油、电在车站编制时间（取季度价，无季度价取当季度月份价）的信息价；

$R_\S$、$G_\S$、$T_\S$、$C_\S$、$D_\S$ 分别表示人工、钢筋、混凝土、柴油、电在单位工程的用量；

S 表示车站建筑面积。

4. 应用场景

（1）城市轨道交通工程造价快速预测。

测算指标：车站单位工程。

输入条件：如表4-4所示。

表4-4　车站造价快速预测输入条件

特征/条件名称	输入值
工程类型	车站
阶段	估算
概算基点	2018年3月
是否换乘站	否
敷设方式	地下车站

（续上表）

特征/条件名称	输入值
车站主体工法	明挖
面积	25000m^2
层数	2 层
车站主体地质	红层
车辆编组	6B
系统指标算法	算术平均

输出结果：如图 4 - 25、图 4 - 26 所示。

已选择特征：

剔除差异项： 否 ⊙是   新旧定额修正： 否 ⊙是

样本筛选：最小值   ~ 最大值   平均偏差 ⌄   重新计算

所属工程	原始指标	调整后指标	操作
A站	0.63	1.06	是 否
B站	0.67	1.16	是 否
C站	0.71	1.23	是 否
D站	0.72	1.20	是 否
E站	0.72	1.16	是 否
F站	0.73	1.22	是 否

图 4 - 25 样本换算前后对照

图 4-26　车站造价快速换算后的造价结果

（2）指标多维分析—平均偏差率。

　　分析指标：车站单位工程指标。

　　输入条件：如表4-5所示。

表 4-5　指标多维分析—平均偏差率输入条件

特征/条件名称	输入值
专业	车站
阶段	概算
指标类型	原始数据指标
工程类型	单位工程
是否换乘站	否
敷设方式	地下车站
车站主体工法	明挖

输出结果：如图 4 - 27 所示。

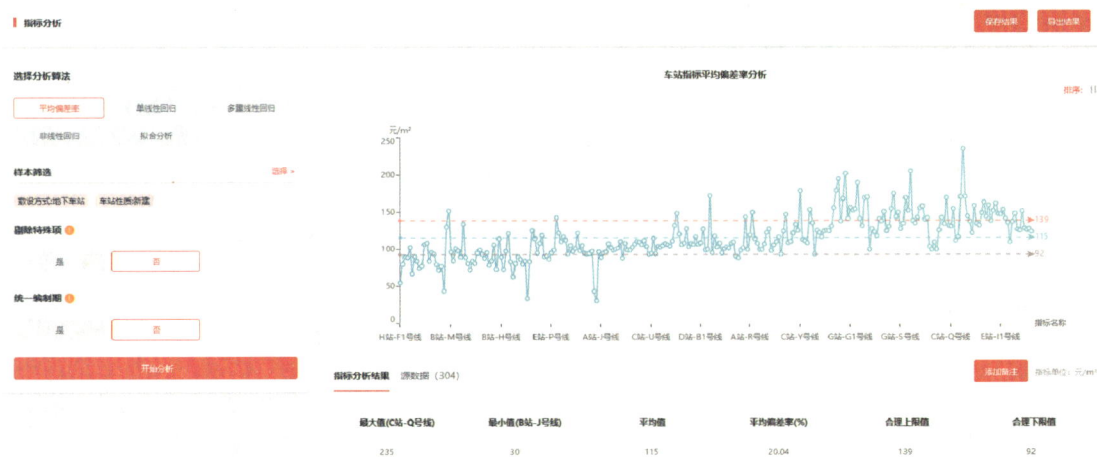

图 4 - 27　指标多维分析—平均偏差率分析结果

（3）指标多维分析—线性回归。

分析指标：车站单位工程指标。

输入条件：如表 4 - 6 所示。

表 4 - 6　指标多维分析—线性回归输入条件

特征/条件名称	输入值
专业	车站
阶段	概算
指标类型	原始数据指标
工程类型	单位工程
是否换乘站	否
敷设方式	地下车站
车站主体工法	明挖
围护结构形式	地下连续墙
层数	2 层
车站主体地质	红层
车辆编组	6B

输出结果：如图 4 - 28 所示。

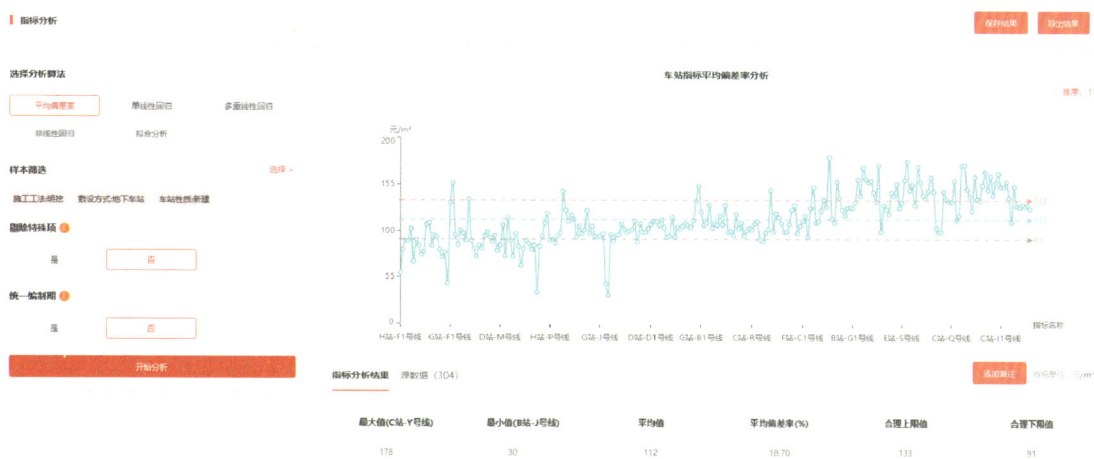

图 4 - 28　指标多维分析—线性回归分析结果（编制期调整前）

（4）指标多维分析—单线性回归。

分析对象：车站单位工程指标。

输入条件：如表 4 - 7 所示。

表 4 - 7　指标多维分析—单线性回归输入条件

特征/条件名称	输入值
专业	车站
阶段	概算
指标类型	原始数据指标
工程类型	单位工程
是否换乘站	否
敷设方式	地下车站
车站主体工法	明挖
分析特征	车站长度

输出结果：如图 4 - 29 所示。

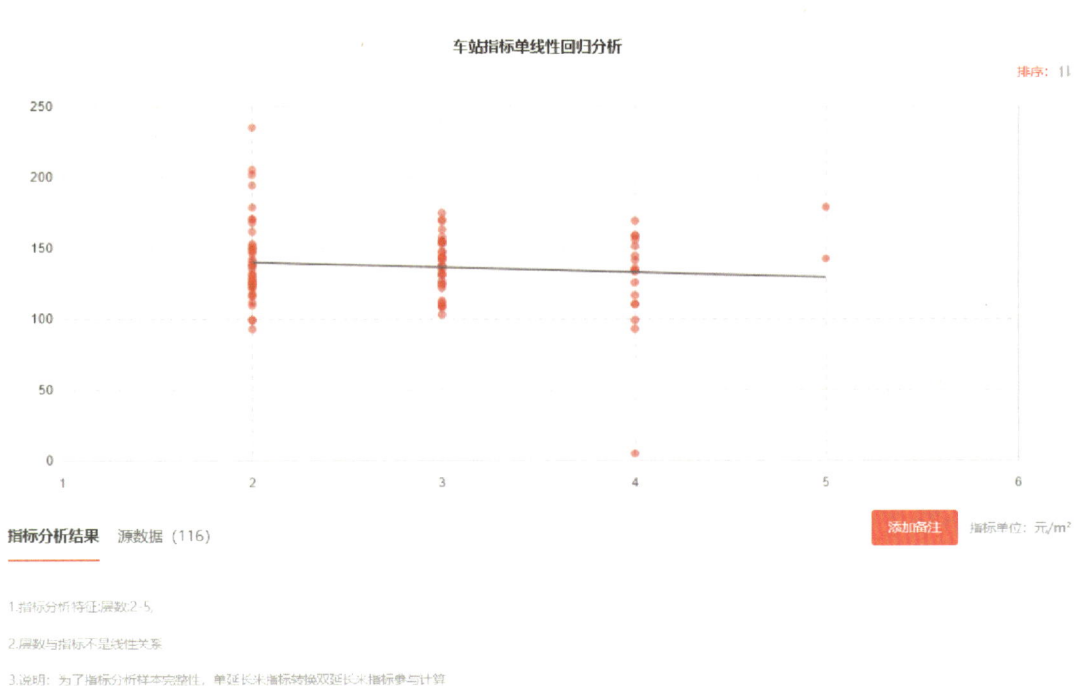

图 4 - 29　指标多维分析—单线性回归处理结果

（5）指标多维分析—多重线性回归。

分析对象：车站单位工程指标。

输入条件：如表 4 - 8 所示。

表 4 - 8　指标多维分析—多重线性回归输入条件

特征/条件名称	输入值
专业	车站
阶段	概算
指标类型	原始数据指标
工程类型	单位工程
是否换乘站	否
敷设方式	地下车站
车站主体工法	明挖
分析特征	车站地质、车站宽度、车站埋深

输出结果：如图 4 – 30 所示。

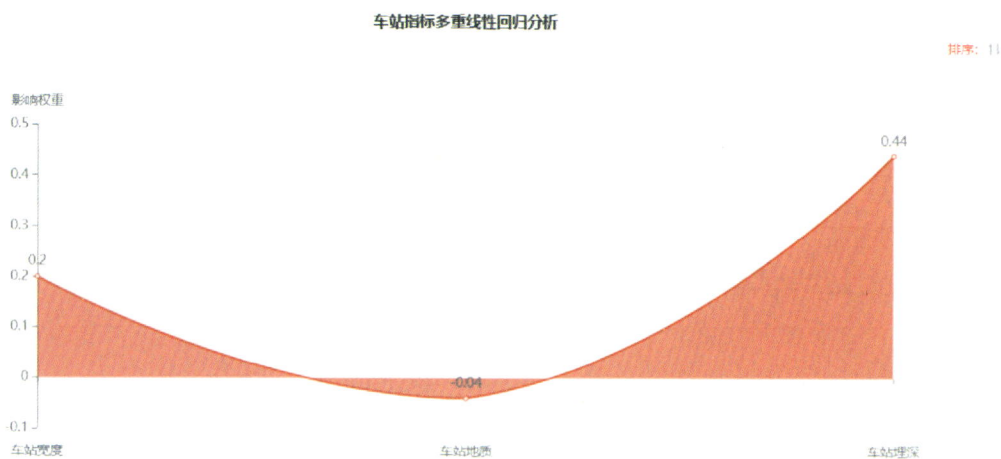

图 4 – 30　指标多维分析—多重线性回归输出结果

（6）指标多维分析—非线性回归。

分析对象：车站单位工程指标。

输入条件：如表 4 – 9 所示。

表 4 – 9　指标多维分析—非线性回归输入条件

特征/条件名称	输入值
专业	车站
阶段	概算
指标类型	原始数据指标
工程类型	单位工程
是否换乘站	否
敷设方式	地下车站
车站主体工法	明挖
分析特征	层数

输出结果：如图 4 - 31 所示。

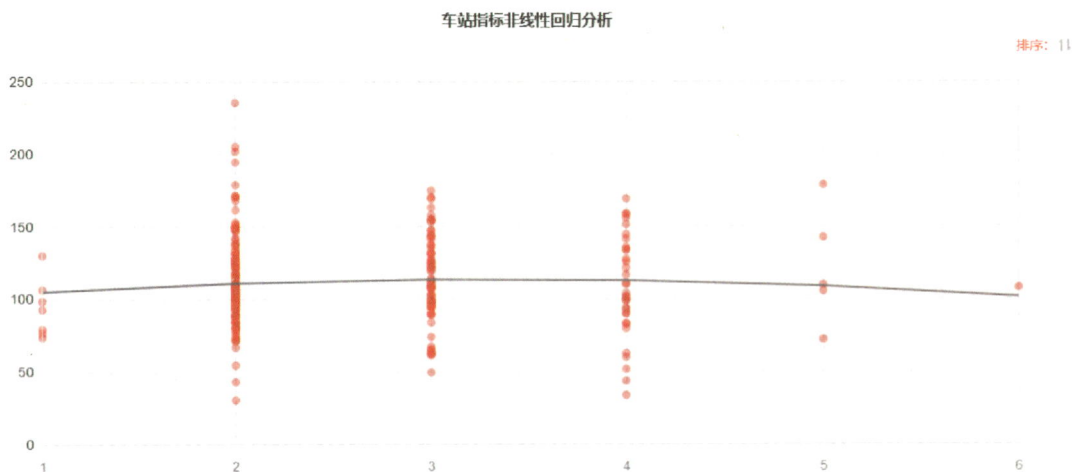

图 4 - 31　指标多维分析—非线性回归输出结果

（7）指标多维分析—拟合分析。

分析对象：车站单位工程指标。

输入条件：如表 4 - 10 所示。

表 4 - 10　指标多维分析—拟合分析输入条件

特征/条件名称	输入值
专业	车站
阶段	概算
指标类型	原始数据指标
工程类型	单位工程
是否换乘站	否
敷设方式	地下车站
车站主体工法	明挖
规划期	三期
分析特征	层数

输出结果：如图 4 – 32 所示。

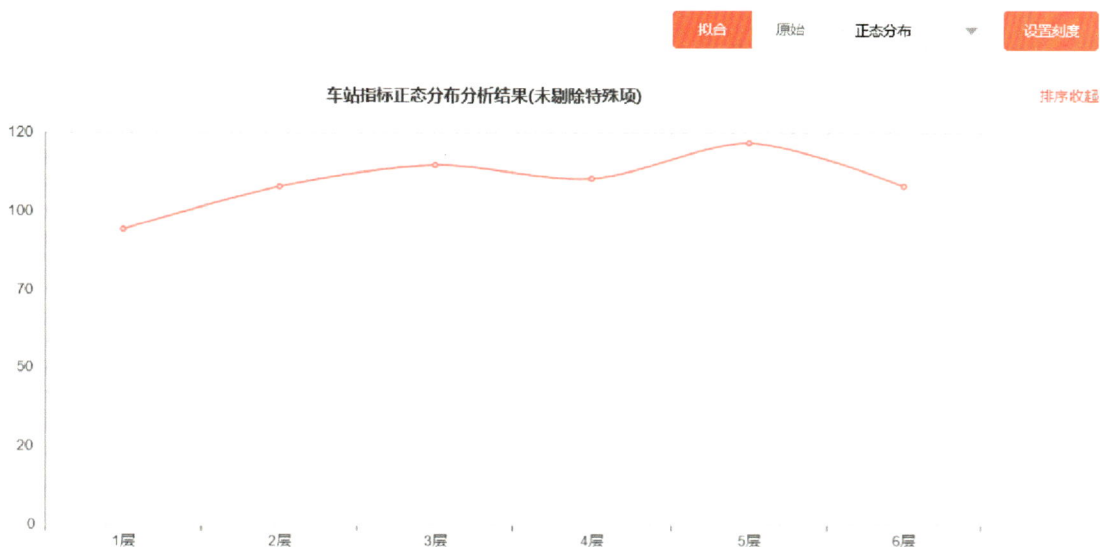

图 4 – 32 指标多维分析—拟合分析输出结果

〔三〕 站间距分析模型研究

在同一规划期下，对不同线路的车站专业造价水平进行对比，由于工程费用正线公里指标主要受站间距、车辆编组、敷设方式等因素影响，横向对比不同技术条件下的地铁线路之间的车站费用正线公里指标没有直接的参考意义。

同样长度的线路，站间距不同，造价及指标差异巨大，在进行指标对比分析以及造价预测时，需要消除站间距对指标的影响，因此需要分析站间距对指标的影响关系，从而实现指标同纬度分析。

（1）通过对数据进行分析，找出指标受站间距影响的专业。

（2）对各个专业的原始造价数据进行同纬度处理，确保分析数据的一致性。

通过历史线路站间距与指标的关系，分析站间距对指标的影响系数。

1. 数据准备情况

（1）已经移入台账的估算和概算批复版数据。

（2）数据范围默认为"十二五"和"十三五"①的线路。

（3）新数据入库，可以自主选择已清洗完毕的数据。

（4）分析专业：车站、通信、信号、通风与空调、供电、安防及门禁、火灾自动报警、环境与设备监控、综合监控、给排水与消防、自动售检票、车站辅助设备、人防。

2. 实现分析模型技术

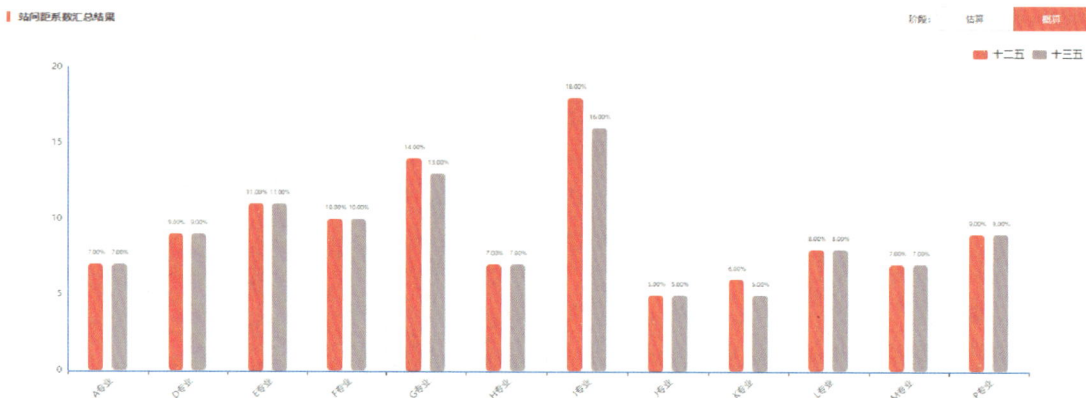

图 4 - 33 站间距分析模型

（1）柱状图显示各个规划期的站间距增长率。

（2）表格文本显示分析结果：

①阶段：切换估算和概算。

②柱状图：柱子需要显示具体数值，小数点后四舍五入保留两位，如"9.8111%"显示为"9.81%"；其中红色柱子代表"十二五"站间距系数，灰色柱子代表"十三五"站间距系数（见图 4 - 33）。

③表格：横列为各个规划期，纵列为不同站间距分析，如"十二五""十三五"；按照规划期从早到晚排序，如"十二五""十三五"等，表格内容的分析结果小数点后四舍五入保留两位（见图 4 - 34）。

④柱状图和表格都需要根据最新计算的结果进行展示，没有值的区段站间距不显示。

⑤如果选择的内容没有计算结果，图形显示"暂无数据"，表格显示"—"。

---

① "十二五""十三五"指城市轨道交通建设规划批复的实施主体时间所对应的国家发展规划期。

（3）分析样本。

指标结算样本			分析设置
线路名称	平均站间距	相对于十二五 正线公里指标(万元/正线公里)	相对于十三五 正线公里指标(万元/正线公里)
R号线	1.35	166.56	208.43
Q号线	1.49	171.72	202.71
G1号线	1.54	172.68	227.01
S号线	1.57	164.39	179.38
H1号线	1.68	135.27	140.46
J1号线	1.95	145.78	161.39
I1号线	2.20	123.18	147.8
D1号线	2.45	90.09	105.34
T号线	2.70	124.61	133.58
B1号线	2.97	131.19	159.21
U号线	3.12	132.42	156.23
K1号线	3.19	118.3	121.81

图 4-34　站间距分析样本

①显示字段：线路名称（简称）、平均站间距、区段平均站间距、相对于"十二五"正线公里指标、相对于"十三五"正线公里指标、"十二五"分区段平均增长率、"十三五"分区段平均增长率。

②平均站间距：取每条线路平均站间距的值。

③区间段平均站间距：按照分析的区段"0~1；1~2；2~3；3及以上"，对站间距进行划分区段；按照左闭右开的原则处理区间内样本，进行站间距算术平均值计算。

④相对于"十二五"正线公里指标、相对于"十三五"正线公里指标：取各个专业处理后的数据，按照上文的数据处理原则进行处理。

⑤测算样本排序，按照站间距从小到大进行排列。

（4）分析设置（见图 4 – 35）。

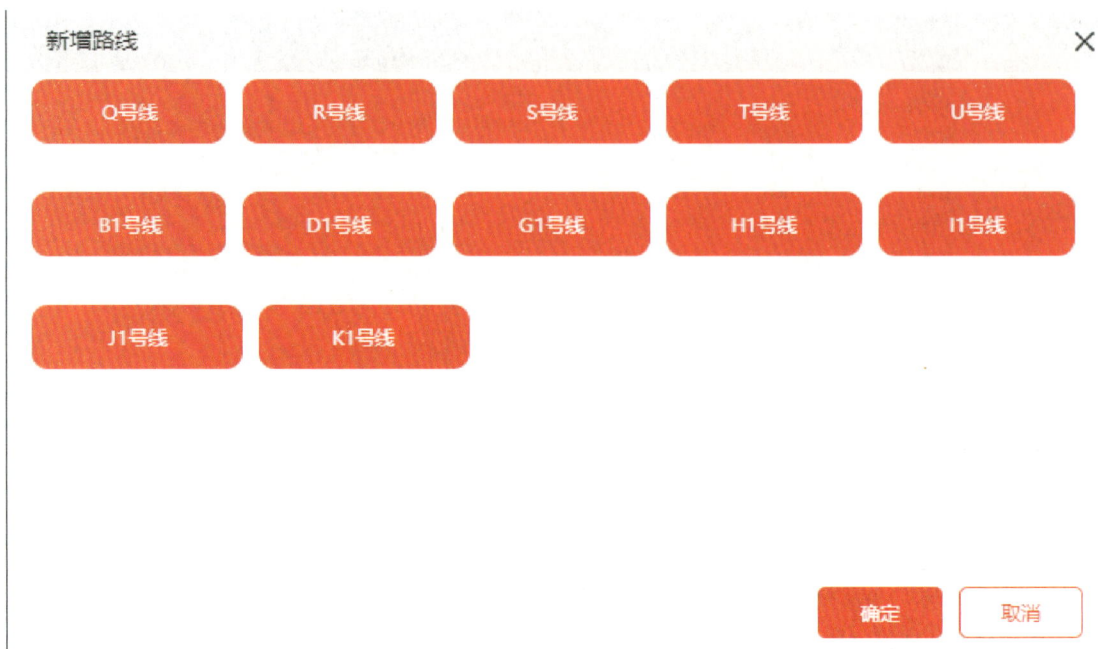

图 4 – 35　分析设置

3．应用场景

在进行工程造价快速测算时，基于测算对象的实际站间距情况进行站间距影响系数的测定，进而通过站间距影响系数消除站间距对原线路数据指标的影响，合理测算新投资。

以车站正线公里指标测算车站专业总价为例：

站间距修正前如图 4 – 36 所示。

编号	项目名称	数量	数量单位	造价金额（万元）	指标	指标单位	线路	修正指标	
1	A专业	37.60	正线公里	8329	2200	万元/正线公里	S号线	2215	☑
2	A专业	11.90	正线公里	2144	1800	万元/正线公里	H1号线	1802	☑
3	A专业	30.80	正线公里	3813	1200	万元/正线公里	C1号线	1238	☑
4	A专业	19.15	正线公里	4512	2300	万元/正线公里	Q号线	2356	☑
5	A专业	32.16	正线公里	2210	6800	万元/正线公里	M号线	6870	☑
6	A专业	25.00	正线公里	2020	8000	万元/正线公里	H号线	8080	☑
7	A专业	17.40	正线公里	1748	1000	万元/正线公里	I号线	1004	☑
8	A专业	27.15	正线公里	2185	805	万元/正线公里	E号线	805	☑
9	A专业	26.95	正线公里	2622	9700	万元/正线公里	T号线	9720	☑

车站概算造价测算　专业　单位工程　正态分布　查看样本　操作指引

概算基点：请选择　年　请选择

线路长度：41.4

车站数量：19　座（2.35亿元/座）

平均站间距：2.38

敷设方式：全部　地下敷设　高架敷设　地面敷设

车辆编组：全部　4B　4L　6A　6B　6L　8A　8D

规划期：全部　一期　一期调整　二期　三期　四期

编制年限：全部　2003　2005　2007　2009　2010　2012　2013　2014　2015　2017　2018

区域属性：全部　市区　郊区　综合区

平均站间距(km)：全部　0~1　1~2　2~3　3~4　4~5　5~6　6~7　7及以上　自定义

剔除差异项：●否　是

站间距修正：●否　是

新旧定额修正：●否　是

图4-36　站间距修正前指标

站间距修正后如图 4 - 37 所示。

车站概算造价测算　　　专业　单位工程　正态分布 ∨　查看样本　操作指引

概算基点：请选择 ∨ 年 请选择 ∨

线路长度：41.4

车站数量：19　　　　　　　　　　　座 (2.42亿元/座)

平均站间距：2.38

敷设方式：全部 地下敷设 高架敷设 地面敷设

车辆编组：全部 4B 4L 6A 6B 6L 8A 8D

规划期：全部 一期 一期调整 二期 三期 四期

编制年限：全部 2003 2005 2007 2009 2010 2012 2013 2014 2015 2017 2018

区域属性：全部 市区 郊区 综合区

平均站间距(km)：全部 0~1 1~2 2~3 3~4 4~5 5~6 6~7 7及以上 自定义

剔除差异项：⦿否 是

站间距修正：否 ⦿是 2.38

新旧定额修正：⦿否 是

更新计算　导出数据　返回

编号	项目名称	数量	数量单位	造价金额（万元）	指标	指标单位	线路	修正指标	
1	A专业	37.60	正线公里	8329	2215	万元/正线公里	S号线	2061	✓
2	A专业	11.90	正线公里	2144	1802	万元/正线公里	H1号线	1691	✓
3	A专业	30.80	正线公里	3813	1238	万元/正线公里	C1号线	1387	✓
4	A专业	19.15	正线公里	4512	2356	万元/正线公里	Q号线	2186	✓
5	A专业	32.16	正线公里	2210	6870	万元/正线公里	M号线	6420	✓
6	A专业	25.00	正线公里	2020	8080	万元/正线公里	H号线	7360	✓
7	A专业	17.40	正线公里	1748	1004	万元/正线公里	I号线	9600	✓
8	A专业	27.15	正线公里	2180	805	万元/正线公里	E号线	841	✓

图 4 - 37　站间距修正后指标

(四) 投资决策模型研究

轨道交通工程基本上呈线状，通过系统地分析影响其造价的众多因素，归纳出造价主要受建造时间与工程所处空间位置影响，也就是说，由时间与空间两个维度决定。

时间维度是指因建造时间的不同引起各类输入条件的差异，从而影响到造价指标或造价金额的变化，包括造价指标时间换算、新技术、政策及规范变化等。

空间维度是指建造具体位置的不同引起各类工程条件的差异，从而影响到造价指标或造价金额的变化，包括站间距、地质、敷设方式、工法、工艺、结构等多种工程技术特征。

本书对影响造价的时间因素进行系统的论述，分别就指标聚类算法影响［详见第三章"四（二）"］、时间换算影响［详见第四章"三（五）"］进行了初步的探索研究，初步介绍了时间维度影响分析模型。

本书对影响造价指标的空间因素进行了系统的梳理（详见第二章"三"），并形成了数字化的技术特征标准；同时对上述空间因素对造价指标的影响关系进行关联研究（详见第三章"三"），并提出了数字化关联分析模型或方法（详见第三章"四"）；主要通过造价指标与空间因素关联分析模型体现空间维度影响的基本规律。

通过上述理论探索，并用大量具体的数据作支撑，对各种影响因素进行模拟研究，提出定量评价，从而揭示造价在时空二维客观上的基本规律。只要建立时空二维的模型，对用户输入条件，再考虑时间与空间的影响，我们就可以通过仿真快速模拟一个项目的造价指标及造价金额，从而预测未来轨道交通线路的合理造价。

根据以上的预测理论，本书分别从线路、专业、单位工程方向提出三种预测测算模型。通过上述测算模型可依据用户输入信息，自由组建新的项目，在没有出设计图时就可以快速预测投资目标。

1. 线路投资预测

（1）输入条件。

①线路长度。

②车站数量。

（2）考虑时空因素。

①时间因素：编制期换算、新旧定额修正。

②空间因素：差异项剔除、站间距修正、政策因素、新技术因素、特殊项因素。

（3）输出结果。

①线路造价金额。

②线路造价指标。

（4）需要条件。

①输入条件：无需设计图纸的工程量输入，依据历史工程技术特征从大数据分析角度进行客观预测。

②应用：事前管控、下达限额总体目标。

③时效："秒级"完成1条线路测算。

2. 专业投资预测

（1）输入条件。

即专业建设规模。

（2）考虑时空因素。

①时间因素：编制期换算、新旧定额修正。

②空间因素：差异项剔除、站间距修正、政策因素、新技术因素、特殊项因素。

（3）输出结果。

①专业造价金额。

②专业造价指标。

（4）需求条件。

①输入条件：无需设计图纸的工程量输入，依据历史工程技术特征从大数据分析角度进行客观预测。

②应用：事前管控、限额设计任务分解。

③时效："分钟级"完成16个专业测算。

3. 单位工程投资预测

（1）输入条件。

①各级工程量。

②各级开项占比。

（2）考虑时空因素。

①时间因素：编制期换算、新旧定额修正。

②空间因素：差异项剔除、政策因素、新技术因素、特殊项因素。

（3）输出结果。

①单位工程造价金额。

②单位工程造价指标。

（4）需要条件。

①输入条件：依据设计图纸的工程量输入，依据历史工程技术特征从大数据分析角度进行客观预测。

②应用：事中复核、事后评估。

③时效："工日级"完成16个专业测算。

通过上述测算模型，采用"贝叶斯＋聚类＋回归"建立仿真分析模型，结合投资影响因素（时间因素、政策因素、新工艺工法等），建立实时动态分析模型，依据用户输入信息，自由组建新的项目，不但可实现没有出设计图就可以快速制定投资估算目标，而且能实现概算水平预测、合同价预测，提升投资决策时效。输入或选择线路长度、编制期换算时间、车站数量、区间数量、敷设方式等条件，即可快速预测出整条线路的造价金额和造价指标。

（五）　时间影响因素分析

时间影响因素主要有历史造价指标时间换算、新工艺工法、政策及规范变化等。空间影响因素主要有线路位置特征，包括敷设方式、地质、工法、结构等多种技术特征及站间距等。

为此，系统设计了基点换算功能。当选择不同换算基点，系统会自动把不同时期的造价指标换算成同一时期的造价水平，换算方式如下：

通过对历史造价文件的研究发现，土建专业影响造价的主要为人工、材料、机械费用，其中人工、钢筋、混凝土、柴油、电费用占据整个项目费用的80%左右，依据二八原则，进行不同时期的造价水平换算，可以通过对上述5类主材不同时期的信息价变化进行分析，把不同时期的项目造价换算到同一时期的造价水平。

（六）　空间影响因素分析

1. 政策因素变化

政策因素变化主要有环保政策、用工实名制管理政策、安检政策、计价依据政策变化等。

为此，系统设计了政策因素影响系数功能。当选择测算的政策因素影响造价的时候，系统会自动把政策影响系数的造价叠加到同一时期的造价水平，计算方式如下：

环保政策：通过对历史造价文件的研究发现，该政策影响开项施工围蔽、施工防护棚，主要影响第一部分工程费用，占工程费用的1.14%左右。

用工实名制管理政策：通过对历史造价文件的研究发现，该政策主要影响第一部分工程费用的专业部分，占工程费用的0.19%左右。

安检政策：通过对历史造价文件的研究发现，该政策主要影响车站专业，占车站专业费用的0.45%左右。

计价依据政策变化：通过对历史造价文件的研究发现，2018年前后轨道交通编制线路概算计价依据版本发生变化，主要影响车站、区间、轨道专业，在专业费用的占比分别为10%、12%、4%左右。

2．站间距影响

同样长度的线路，站间距不同，造价及指标差异巨大，在进行指标对比分析以及造价预测时，需要消除站间距对指标的影响，因此需要分析站间距对指标的影响关系，从而实现指标同纬度分析。

计算说明：

（1）线路平均站间距：当前分析线路的自身平均站间距。

（2）区段平均站间距：当前线路所处区段的平均站间距，根据历史数据站间距，区段划分为 $0\sim1km$、$1\sim2km$、$2\sim3km$、$3km$ 及以上。

（3）原始修正指标：各个专业剔除特殊项后重新计算的各专业正线公里指标。

（4）区段平均指标：分析线路所在区段的原始修正指标的算术平均值。

（5）站间距修正指标：

$$N_{Z_b} = Z_b \pm (J_1 - J_2) \times F \times Z_b$$

其中，N_{Z_b} 表示修正之后的线路指标；

Z_b 表示当前线路第一部分工程费用区段平均指标；

J_1 表示当前线路平均站间距；

J_2 表示当前线路所在区段平均站间距；

F 表示区段内站间距增长系数。

3．新技术影响

轨道交通施工工艺、信息设备升级迭代，智慧地铁战略升级，使得工程造价水平增加。通过对历史造价文件的研究发现，新技术主要影响预埋滑槽、智慧地铁、全自动运行系统、高压细水雾灭火系统等，占工程费用的 1.9%。

4．盾构内径影响

由于历史原因，存在不同的盾构内径大小。在对区间这一专业进行比较的时候，我们首先根据不同的盾构内径对数据进行标签化处理，先把已有的历史线路按照盾构内径来区分。将区分后的线路中区间专业和正线公里指标作对比，可以初步看出，盾构内径越小的区间，正线公里指标越小；盾构内径越大的区间，正线公里指标越大。在盾构内径对区间正线公里指标有明显影响的情况下，不同的盾构内径之间的区间数据样本就不具有完全的代表性，会更倾向于相同的盾构内径之间作比较；而对于这样的做法，有以下三个问题：

（1）相同盾构内径的区间，样本数量较少。

（2）相同盾构内径的区间，样本本身也会受时间的影响，不能保持恒定一个变量进行对比。

（3）无法预知未知的盾构内径的区间的造价趋势。

鉴于以上问题，我们通过盾构内径换算模型得出模型变化率，如表 4 - 11 所示。

表 4 - 11　盾构内径换算模型变化率

盾构内径变化分类（m）	变化率
5.8 ~ 5.4	12.27%
7.7 ~ 5.8	65.11%
7.7 ~ 5.4	85.36%

5. 地质条件影响

由于线路经过区域的地质条件不同，采取的加固、建筑物防护处理措施不同，进而影响工程造价。通过对历史造价文件的研究发现，地质条件主要影响车站、区间加固、孤石和溶洞处理、建筑物防护加固等。

车站专业：通过对历史造价文件的分析发现，加固、孤石和溶洞处理、建筑物防护加固的费用，占车站专业费用的 2.8% 左右；

区间专业：通过对历史造价文件的分析发现，加固、孤石和溶洞处理、建筑物防护加固的费用，占区间专业费用的 13% 左右；

（七）　应用场景

1. 快速预测一条线路造价

输入条件如表 4 - 12 所示。

表 4 - 12　快速预测线路造价输入条件

条件	条件值
阶段	估算
指标算法	算术平均
换算基点	2018 年 3 月
线路长度	30 正线公里
车站数量	18 座

（续上表）

条件	条件值
区间数量	17 个
是否全地下敷设	是
规划期	三期
车辆编组	6B

计算结果如图 4 - 38 所示。

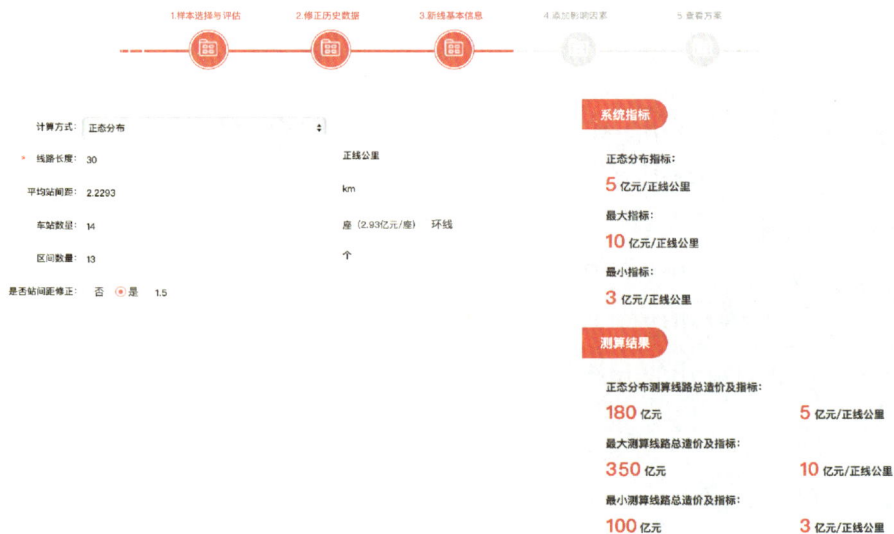

图 4 - 38　线路造价预测结果

2. 快速预测一座车站造价

输入条件如表 4 - 13 所示。

表 4 - 13　快速预测车站造价输入条件

条件	条件值
阶段	概算
指标算法	算术平均

（续上表）

条件	条件值
换算基点	2018 年 3 月
建筑面积	25000 平方米
是否换乘站	否
敷设方式	地下车站
施工工法	明挖
层数	2 层
车站地质	红层
规划期	三期

计算结果如图 4 - 39 所示。

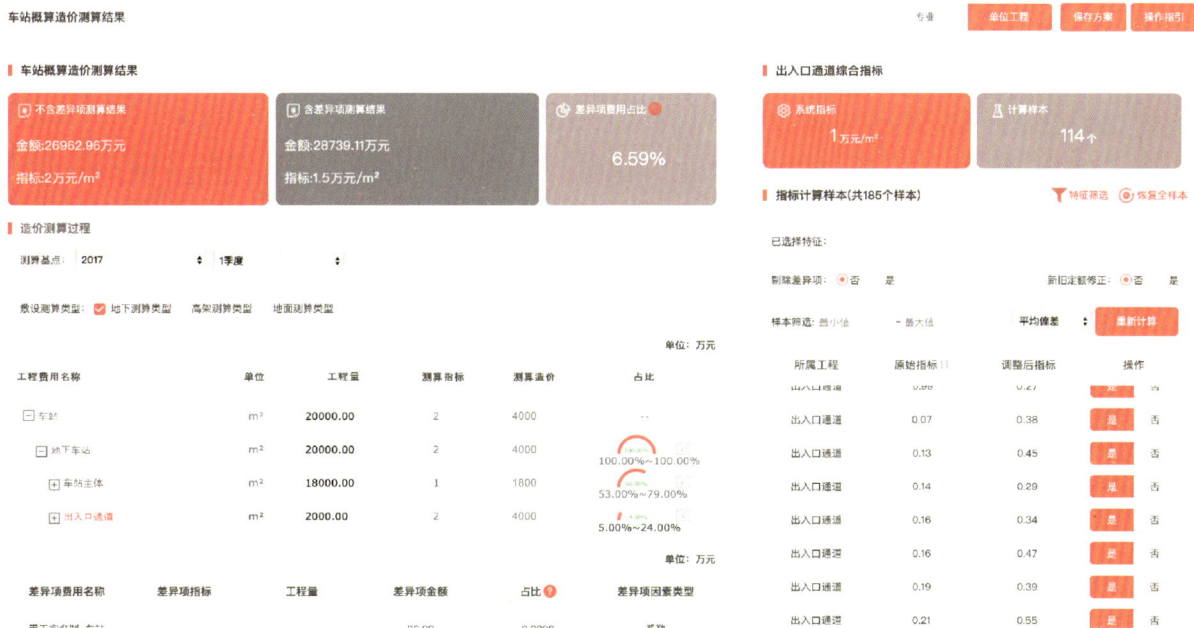

图 4 - 39 车站造价预测结果

造价指标与技术特征关联技术快速形成了带有技术特征的造价指标，并可用于特定条件的指标查询、指标预测、指标多维分析、指标预警模型设置、指标对比特征设置、快速造价、指标计算等功能应用，实现了快速、自动化的特征提取，减少人工填报的误差。